KB270540

오이디푸스 왕

The Oedipus Plays

소포클레스

다락원 | Spark Publishing

SPARKNOTES™ 041

오이디푸스 왕

펴낸이 정규도
펴낸곳 (주)다락원

초판 1쇄 인쇄 2011년 1월 18일
초판 1쇄 발행 2011년 1월 25일

책임편집 안창열
디자인 정현석
번역 윤한정
표지삽화 손창복

다락원 경기도 파주시 교하읍 문발리 509-1
내용문의: (031)955-7272(내선 400)
구입문의: (02)736-2031(내선 112~114)
Fax:(02)732-2037
출판등록 1977년 9월 16일 제300-1977-23호

Copyright © 2011, 다락원

값 7,000원

ISBN   978-89-277-1990-8 43740

세계의 교양을 읽는다

고전을 왜 읽는가?

인간의 삶과 세상에 대한 영원한 물음이 있기 때문이다. 시대와 사상을 뛰어넘어 지금 여기 우리에게 필요한 물음이 없는 고전은 더 이상 고전이 아니다. 인간과 삶에 대한 근원적인 물음 없이 고전을 읽는다면 자신과 인간에 대한 성찰과 지혜로 이어지지 않는다. 논술 시험 때문에, 과제물 때문에, 아니면 남들이 읽으니까, 나도 읽는다는 식이라면 그 책은 죽은 책일 수밖에 없다.

고전을 살아 있는 책으로 만드는 이 '물음!'에 답하기 위해서는 좋은 길잡이가 필요하다. 오랜 기간 동안 미국의 고교생과 대학 주니어들이 시험, 에세이 작성, 심층토론 준비를 위해 바이블처럼 애용해온 'SPARKNOTES'와 'CliffsNotes'는 바로 그런 좋은 길잡이의 표본이다.

SPARKNOTES와 CliffsNotes의 가장 큰 장점은 방대하고 난해한 고전을 Chapter별로 요약하고 분석해서 원전의 내용에 보다 쉽고 체계적으로 접근하는 신속·간편성이라고 할 수 있다.

대입논술로 고민하고, 자칭 타칭의 고전이 넘쳐나는 오늘의 독서 풍토에서 지적 정복이 긴박한 대한민국 학생들에게 감히 이 시리즈를 자신있게 권한다.

―以貫之 논술연구모임 연구실장 이호곤

차례

이 책의 구성

SPARKNOTES와 CliffsNotes는 방대하고 난해한 원작을 보다 쉽게 이해할 수 있도록 돕는 안내서입니다. 여기에는 원작 이해를 돕기 위해 매 장마다 '요점 정리(또는 줄거리)'와 '풀어보기'가 실려 있습니다. '요점 정리(또는 줄거리)'에는 원저의 내용을 일목요연하게 정리해 놓아 저자가 전달하려는 내용을 어렵지 않게 파악할 수 있습니다. '풀어보기'에서는 철학서의 경우, 원저에 담긴 저자의 사상이나 관련 철학, 시대 상황, 논점 등을, 문학 작품인 경우에는 원작에 담긴 문학적 경향, 등장인물의 심리상태, 주제 등을 설명해 놓았습니다. 분석적이고 비판적인 글읽기의 바탕이 되는 요소들이죠. 비소설이나 소설을 막론하고 분석적이고 비판적인 글읽기는 독자에게 꼭 필요한 자질입니다.

그밖에도 원서를 좀더 깊이 복습해서 제대로 소화할 수 있도록 돕기 위해 'Study Questions'와 'Review Quiz' 등을 마련해 놓았습니다.

* 〈　〉는 철학서, 장편소설, 중편소설, 수필집, 시집. "　"는 단편소설, 논문
* 작품명은 독자의 이해를 돕기 위해 예외적인 경우를 제외하고는 영어식으로 표기함.

간추린 명작 노트

고대 그리스의 연극은 오늘날의 연극과는 매우 달랐으며, 가장 큰 특징은 종교 제전(祭典)의 일부였다는 점이다. 따라서 고대 그리스인들은 그 기간에 공연되는 연극 관람을 오락이나 여가활동이 아니라 일종의 예배 행위로 생각했지만, 그 종교가 현대 종교와는 전혀 달랐기 때문에 우리가 당대 연극의 종교적인 면을 이해하기 시작하는 일조차 어려운 실정이다. 그들이 연극 공연을 통해 숭배하던 신은 사람의 손길이 전혀 닿지 않은 자연 속에서 살며 문란한 술판을 벌이는 디오니소스*이다. 디오니소스 제전이라고 하면, 제정신이 나간 몸부림과 구별하기 힘든 접신 상태가 가장 먼저 떠오른다. 그 제전에서 숭배자들이 술에 취해 난잡한 성적 의식들을 벌였다는 사실은 현대인이 디오니소스 신과 연관 짓는 모습들과는 거리가 멀다.

고대 그리스 연극이 오늘날의 연극과 또 하나 다른 점은 시민들의 문화 활동 가운데 가장 중요한 부분이자, 거의 모든 시민이 어떤 식으로든 공연에 참여했다는 점이다. 극

---

* **디오니소스**(Dionysus/Dionysos): 그리스 신화. 포도주의 신. 올림포스의 주신(主神) 제우스와 테베 왕 카드무스의 딸 세멜레 사이에서 태어났다. 로마 신화의 바쿠스(Bacchus).

시(劇詩)*들은 해마다 디오니소스 제전(디오니소스의 계절인 봄이 시작될 때 개최)에서 공연되었는데, 아름다운 언어뿐만 아니라 특수효과와 가무(歌舞)로도 매번 15,000명 정도의 관람객들을 매료시켰으며, 제전이 끝날 무렵에는 심사위원들이 투표를 통해 그 해의 최고작을 집필한 극작가를 선정했다.

아테네(아테나이) 경연대회에서 단연 최고의 성적을 거둬 18차례나 최고상을 받았다고 전해지는 극작가 소포클레스 Sophocles(496-406 B. C.?)는 사회의 언저리에서 고생하는 예술가가 아니라 대중들의 사랑과 존경을 듬뿍 받는 유명인사에 속했다. 양가 출신의 대다수 아테네 시민들처럼 도시 민주주의의 정치·군사 문제에 참여했던 그는 재정출납관이자 해군장교로서 일정 기간 의무복무를 마쳤으며, 정치가 페리클레스**와 평생 절친하게 지내면서 정치적인 글도 썼다. 그가 쓴 것으로 여겨지는 123편의 극시 가운데 오늘날까지 전해지는 작품은 7편뿐이다.

소포클레스는 장수(長壽)했지만, 다행인지 불행인지 고향 아테네의 몰락 이전에 세상을 떠났다. 그의 생애가 끝

---

* **극시**(play): 고대 그리스의 비극은 운문으로 지어졌기 때문에 희곡(戲曲)보다는 극시(劇詩)로 번역한다. 역자 주.
** **페리클레스**(Pericles. 495-429 B.C.): 아테네 민주주의를 확립한 당대 최고의 정치가이자, 예술 후원자로서 연극과 음악을 장려했다. 그의 후원으로 파르테논 신전과 아크로폴리스의 입구인 프로팔라이아 같은 기념비적 건물들이 세워졌다.

날 무렵, 아테네는 번영과 세력을 시샘하고 견제하던 주변 도시국가들과 끝없이 반복되는 기나긴 전쟁을 치르면서 영광스러운 세기의 종말을 맞게 되었던 것. 아테네의 정치적 몰락은 예술적 몰락으로 이어졌다. 그리스 극시라는 독특한 예술이 서서히 시들기 시작하다가 사라져버렸기 때문이다. 그 이후로는 그리스 극시 같은 것은 없었으나 우리는 여전히 그것을 읽으려 하고, 우리가 생각하는 예술의 범주와 가설들의 관점에서 생각함으로써 잘못 이해하는 경우가 종종 있다. 그 작품들은 읽어볼 필요는 있지만, 우리에게는 너무 낯설기 때문에 그것들을 읽으려면 분석력뿐만 아니라 상상력도 크게 요구된다.

〈안티고네 *Antigone*〉

테베(테바이)* 왕가가 숙명적으로 겪어야 했던 흥망성쇠를 다룬 테베 3부작(Theban plays)가운데 맨 나중에 벌어진 사건을 다루고 있으며, 제일 먼저 씌어졌을 것으로 추정된다. 여성 중심적이며, 권위에 대한 저항을 영광스럽고도 고귀한 행동으로 극화하는 급진적 작품이다. 서양문학사

---

* **테베**(Thebes/ Thebai): 호머의 〈오디세이〉에서는 '세상에서 제일 부유한 도시'로 언급되며, 아테네와 스파르타 이후 그리스 역사의 중심이 된 보에티아 지방의 수도. 신화와 전설에서는 디오니소스와 헤라클레스의 출생지. 고대 이집트 왕국의 수도(지금의 룩소르 지방인 상(上)이집트 소재)를 그리스 식으로 일컫는 테베(Thebes)와는 다른 곳이다.

의 태동기에 등장하는 여주인공 안티고네는 남성 지배적인 권력구조에 맞서 싸우면서 그녀를 멸시하는 남자들 이상으로 굳건한 의지와 용기를 보여준다. 만약 우리가 이 작품을 그저 단순한 고전으로만 생각한다면, 제2차 세계대전 때 나치 독일의 검열관들이 장 아누이*가 각색한 〈안티고네〉의 공연을 허락한 것과 같은 실수를 범할 수 있다. 가장 강력한 레지스탕스 자료 하나를 그저 단순한 학술 작품으로 잘못 알았던 것.

〈오이디푸스 왕 *Oedipus Rex*〉

소포클레스의 관객들은 오이디푸스 설화를 잘 알고 있었다. 오이디푸스는 정처 없이 여기저기를 떠돌다가 테베로 가는 길에 그 도시가 오랫동안 자기가 낸 수수께끼를 푸는 사람이 나타날 때까지 물러가지 않겠다는 스핑크스**의 저주에 시달리고 있다는 것을 알게 된다. 오이디푸스가 수수께끼를 풀자, 수치심을 못 이긴 스핑크스가 도사리고 있

---

* **장 아누이**(Jean Anouilh, 1910~87): 프랑스의 극작가이자 번역가. 주로 철저한 이상주의자인 주인공이 모략과 타협이 난무하는 세계와 갈등하는 과정을 그리는 작품을 많이 남겼다.

** **스핑크스**(Sphinx): 이집트에서 기원해 그리스 신화에 유입되었다. 그리스의 스핑크스('목을 졸라 죽이다')는 사람(여자)의 머리, 독수리의 날개, 뱀의 꼬리, 사자의 가슴과 발을 가진 괴물이다. 소포클레스는 스핑크스의 수수께끼("아침에는 네 발, 낮에는 두 발, 저녁에는 세 발로 걷는 것은 무엇인가?")에 오이디푸스가 '인간'이라고 답해 스핑크스가 수치심을 못 이겨 죽게 만들어 테베를 재앙으로부터 구하고 왕이 되는 것으로 묘사한다.

던 높은 버랑에서 투신하면서 테베는 저주로부터 풀려났다. 그 보상으로 오이디푸스는 최근에 살해된 라이우스(라이오스) 왕의 뒤를 이어 왕위에 오르고 왕비를 아내로 맞아들인다. 이어 시간이 흐르면서 사실은 라이우스의 아들로 태어났으나 '아비를 죽이고 어미와 동침할 것'이란 예언 때문에 태어난 지 사흘 만에 테베 밖으로 버려졌으며, 그 예언이 적중되면서 테베에 역병과 흉작의 저주가 내려졌다는 사실을 알게 된 그는 그처럼 가혹한 운명을 용납하지 못하고 두 눈을 찔러 장님이 되어 영원히 테베를 떠난다.

오이디푸스 설화는 소포클레스가 창안한 것이 아니라, 그 이전에도 아테네에 널리 퍼져 있었다. 사실, 이 극시의 강렬한 효과들은 관객들이 이미 그 설화를 잘 알고 있었다는 점에서 비롯된다. 〈오이디푸스 왕〉이 초연된 이래로 많은 비평가들도 소포클레스처럼 그 이야기에 매혹되었다. 아리스토텔레스*는 〈시학(詩學) Poetics〉에서 이 극시를 비극의 전범(典範)으로 꼽았고, 지그문트 프로이트**는 이 이야기를 토대로 모든 사내아이의 잠재의식 속에는 아

---

* **아리스토텔레스**(Aristotle. 384-322 B. C.): 고대 그리스 철학자. 플라톤의 제자. 인간이 감각할 수 있는 세계를 중시하고, 이것을 지배하는 원인들을 인식하고자 하는 현실주의 입장을 취했다. 주요 저서는 〈니코마코스 윤리학〉 등.

** **지그문트 프로이트**(Sigmund Freud. 1856-1939): 오스트리아의 심리학자로 정신분석의 창시자. 심리학과 정신의학뿐만 아니라 사회학, 사회심리학, 범죄학 등에도 커다란 영향을 주었다. 주요 저서는 〈꿈의 해석〉 등.

버지를 죽이고 어머니와 동침하고 싶은 강렬한 욕망이 내
재되어 있다는 '오이디푸스 콤플렉스(Oedipal/ Oedipus
Complex)' 이론을 세웠다. 오이디푸스 설화는 수많은 매혹
적인 형태로 각색되었는데, 〈오이디푸스 왕〉도 그 중 하나
이지 소포클레스의 창작품이 아니란 점을 명심해야 한다.

〈콜로누스의 오이디푸스 *Oedipus at Colonus*〉

긴 세월을 방랑하던 오이디푸스가 아테네 인근 콜로누
스의 어느 숲에 도착하는 시점부터 안티고네가 자신의 운
명을 향해 테베로 떠나면서 끝나는 작품. 엄밀히 말해, 이
작품은 비극이라고 할 수 없으며, 통상적인 의미에서 극적
인 행동이라고 할 만한 내용도 없다. 만년의 소포클레스가
아테네의 황금기*가 끝날 무렵에 집필했으며, 조용하면서
도 종교적인 분위기가 강한 이 극시에서는 이전에 다른 작
품들에서 현란하게 펼쳐보이던 극적인 솜씨를 부리지 않
았다. 〈안티고네〉보다 나중에 집필되었으나 일종의 프리퀄
(prequel. 전편보다 이전 이야기를 다루는 속편)로 여겨질
수 있는 이 극시는 전작을 아우르는 고난을 고대하는 것이
아니라 마치 벌써 극복한 듯이 되돌아보고 있는 것 같다.

---

* **아테네의 황금기**(the Golden Age of Athens): 기원전 5세기 페르시아 전쟁에서 승리
한 이후, 페리클레스의 통치를 받으며 아테네가 가장 융성했던 시기.

〈안티고네〉

오이디푸스의 맏딸 안티고네와 둘째딸 이스메네가 느닷없이 겪게 된 불행한 사건을 놓고 논의중이다. 안티고네의 말을 통해 이 작품 전체의 발단이 되는 사건이 밝혀진다. 그녀들의 쌍둥이 오빠 폴리니세스와 에테오클레스가 테베의 통치권을 놓고 전쟁을 벌이다 모두 죽었던 것. 그 후 테베의 왕이 된 오이디푸스의 처남 크레온은 폴리니세스가 외국인 전사들로 구성된 군대를 이끌고 테베를 공격했다는 것을 문제 삼아 시신을 짐승이 뜯어먹도록 매장하지 말라고 명하고, 누구든 명을 어기는 자는 처형하겠다며 파수병들을 배치했다. 안티고네는 신들의 뜻에 어긋나는 크레온의 명을 무시하고 오빠에게 격에 맞는 장례를 치러주자고 이스메네를 설득하지만 왕명이 두려워 선뜻 나서지 않을 뿐만 아니라 계획 포기까지 종용하자 홀로 매장하기로 결심한다.

곧이어 사자(使者)가 왕궁으로 크레온을 찾아와 파수병들이 잠든 사이에 누군가가 폴리니세스의 시신을 매장했다고 아뢴다. 크레온은 테베 성내의 일부 반역도들이 파수병들에게 뇌물을 먹이고 장례를 치렀을 것이라면서, 범인을 색출하지 못하면 파수병들을 처형하겠다고 으름장을 놓는다.

테베에서 도망치려던 그 사자는 파수병들이 파낸 폴리니세스의 시신을 다시 묻으려던 안티고네를 붙잡아 의기양양하게 크레온을 찾아온다. 안티고네는 당당하게 매장 사실을 인정하고, 시신을 매장하지 않음으로써 크레온이 신들의 의지를 거슬렀다고 쏘아붙인다. 말문이 막힌 크레온이 버럭 화를 내며 안티고네와 이스메네를 처형하라고 명한다.

크레온의 아들이자 안티고네의 약혼자 하이몬이 등장한다. 크레온이 폴리니세스의 시신을 둘러싼 분란과 안티고네의 행실에 대해 의견을 묻자, 하이몬은 처음에는 아버지 편을 드는 듯하다가 결국에는 독선적인 행위가 유치하고 옹졸한 앙심에 불과하다면서 오빠의 시신을 매장하려다 죽게 된 안티고네를 동정하는 민심에 귀를 기울이라고 말한다. 그 충언을 약혼녀에게 빠져 아버지를 배신했다는 증거로 받아들이고 격노한 크레온은 아들의 눈앞에서 안티고네를 처형하겠다고 협박하고, 하이몬은 안티고네를 죽이면 또 다른 사람이 죽을 것이라며 뛰쳐나간다. 크레온이 폴리니세스의 시신에 손을 대지 않은 이스메네는 용서하겠지만, 안티고네는 죽을 때까지 바위굴에 가두겠다고 맹세한다.

장님 예언자 티레시아스가 아테네에 당도한다. 크레온

은 어떤 충고든 받아들일 테니 어떻게 해야 할지 가르쳐달라고 청한다. 티레시아스는 죽은 사람을 두 번 죽이지 말고 적절한 매장을 허락하라고 충고하지만, 크레온이 직전의 약속을 무시하고 거부하자 그의 집안에 죽음의 저주가 내릴 것이란 예언을 남기고 떠난다. 크레온은 불안한 마음을 떨치지 못한다.

테베 시민들 사이에서는 폴리니세스의 시신을 매장함으로써 혈연의 의무를 다할 수 있도록 안티고네를 묘에서 풀어주어야 한다는 여론이 들끓는다. 크레온이 마지못해 안티고네를 석방하기로 작정하고 묘로 향하지만, 이미 때는 늦고 말았다.

사자(使者)가 나와 무대 밖에서 일어난 비극적 사건들을 차례로 전한다. 크레온과 수행원들이 폴리니세스의 시신을 매장하고 있을 때, 안티고네가 갇힌 묘에서 하이몬의 비명 소리가 들려 가보았더니 밧줄에 목을 맨 안티고네와 그 앞에서 울부짖는 하이몬이 보였다. 하이몬은 그곳에 나타난 아버지에게 칼을 뽑아들고 덤벼들었으나 피하자, 자기 가슴을 찌르고는 약혼자의 시신을 껴안고 죽었다는 것.

사자로부터 끔찍한 소식을 전해들은 크레온의 아내 에우리디케가 왕궁으로 달려 들어간다.

아들의 시체를 안고 돌아온 크레온은 자신의 포악성 때문에 아들이 죽었다는 것을 깨닫고 울부짖는다. 사자가 들어와 아들을 잃고 슬퍼하던 에우리디케가 남편의 교만*이 초래한 불행을 저주하며 자살했다는 비보를 전한다. 병사들이 죽여달라고 기도하는 크레온을 호위하며 왕궁으로 돌아간다.

〈오이디푸스 왕〉

테베에 역병이 만연한다. 왕궁 밖에는 오이디푸스 왕에게 대책 마련을 탄원하기 위해 모인 테베 시민들이 기다리고 있다. 오이디푸스가 나와 처남 크레온을 델포이의 무녀에게 보내 테베를 구할 방도를 알아오도록 조치했다고 밝힌다. 때마침 크레온이 돌아와 신탁 내용을 보고한다. 라이우스 왕의 살해범을 체포하고 추방해야 역병의 저주가 끝나며, 범인은 그 도시 안에 있다는 것. 오이디푸스가 선왕의 피살 상황에 대해 묻자, 크레온은 다섯 명의 수행원들과 함께 델포이에 신탁을 받으러 가던 길에 도적들을 만나 살해되었으며 단 한 명만 목숨을 건졌다고 대답한다. 오이디푸스는 그의 죽음에 얽힌 수수께끼를 풀고 반드시 범인을 잡아 추방시키겠다고 맹세한다.

오이디푸스가 눈먼 예언자 티레시아스를 불러 선왕의

---

* **교만**(그리스어. hubris/ hybris): 그리스어. 지나친 자만심이나 자신감으로 흔히 천벌을 자초하는 인간적 결함. 고대 그리스에서는 자기를 돋보이게 하기 위해 희생자를 모욕하는 비윤리적 행동들을 일컬었으며, 아테네에서는 중대 범죄였다.

살해범에 대해 알고 있는 내용을 들려달라고 청하지만, 진실이 고통만 안겨줄 때는 그 진실을 알 수 있는 자신의 능력이 한탄스럽다는 수수께끼 같은 말을 할 뿐이다. 애매한 태도에 격노한 오이디푸스가 저주와 모욕을 퍼부으며 심지어 범인이 아니냐고 다그치자, 티레시아스는 더 이상 참지 못하고 살인범은 바로 오이디푸스라고 밝힌다. 오이디푸스는 그 말을 곧이듣지 않으려 하면서 티레시아스가 크레온과 함께 자기를 쫓아내려고 음모를 꾸몄으며, 실성했다고 매도하면서 왜 지난번 테베가 재앙으로 고통받을 때 수수방관했느냐고 몰아붙이고 그 당시 자기만이 스핑크스의 수수께끼를 풀어 테베를 구해냈다고 뻐긴다. 티레시아스는 '그대의 부모도 나'를 믿고 의지했다면서 예언자로서의 능력을 내세운다. 티레시아스가 부모를 거론하자, 오이디푸스는 '내가' 테베로부터 까마득히 떨어진 코린트(코린토스)에서 자랐는데 어떻게 '그대가 내 부모'를 아느냐고 따진다. 티레시아스는 라이우스의 살인자가 자기 '자식의 아비이자 형제이면서 그를 낳아준 여인의 아들이자 남편'이라는 수수께끼 같은 말을 남기고 무대를 떠난다.

오이디푸스는 크레온에게 엉터리 예언자와 반역 음모를 꾸몄으니 죽음이나 추방을 각오하라고 위협한다. 크레온은 오이디푸스 부부에 이어 세 번째 권력자로서 아쉬울 것이 없는데, 무엇 때문에 '구태여 내키지 않는 일까지 해야 하는’ 통치자가 되기를 바라겠느냐고 항변한다. 요카스타가 들어와 두 사람 사이에 고성이 오가는 이유를 묻고, 라이우스의 살해범으로 지목되었다는 남편의 말에 예언이 반드시 맞는 것은 아니라며 델포이의 신탁이 이뤄지지 않은 사례를 들기 위해 라이우스 왕에 얽힌 비화(秘話)를 밝힌다. 라이우스는 아들을 낳으면 그 아들에게 죽음을 당할 것이란 예언을 듣고 아들이 태어나자마자 테베 밖으로 내다버렸으며, 이후에 친아들이 아니라 노상에서 마주친 도적들에게 목숨을 잃었다는 것이다.

그러나 라이우스의 죽음을 둘러싼 상황이 어딘지 낯설지 않은 오이디푸스가 좀더 자세한 이야기를 들려달라고 청하자, 요카스타는 오이디푸스가 테베에 도착하기 직전 라이우스 일행이 삼거리에서 도적들에게 살해된 정황을 자세히 묘사한다.

깜짝 놀란 오이디푸스가 지난 이야기를 털어놓는다. 코린트의 왕자 시절, 우연히 어느 연회에서 ‘내가’ 왕과 왕비의 아들이 아니란 말을 들었고, 그 소문이 퍼져 괴로운 나머지 부모 몰래 정확한 내막을 알기 위해 델포이의 무녀를 찾아갔으나 시원한 대답은 듣지 못하고 다만 ‘내가 아비를 죽이고 어미와 동침할 것’이란 말만 들었다. 따라서 그 예언이 이루어지는 불상사를 막기 위해 왕궁을 나와 떠돌다가 테베로 향하는 길목에서 한 무리의 여행자들과 시비가 붙어 예기치 않게 죽이고 말았는데, 그곳이 바로 '그대가' 묘사한 삼거리와 비슷하다는 것.

오이디푸스는 라이우스의 살해범이 아니란 사실이 밝혀질지 모른다는 희망을 품고 당시 라이우스의 일행 가운데 유일하게 목숨을 건진 양치기를 찾아 데려오라고 명한다.

그때 코린트에서 파견한 사자(使者)가 왕궁으로 들어오다가 요카스타를 만나 오이디푸스가 아버지로 알고 있는 폴리부스 왕이 병으로 세상을 떠났으며, 코린트 사람들이 오이디푸스가 왕위를 이어주었으면 하고 바란다는 소식을 전한다. 요카스타는 폴리부스 왕이 자연사했으니 오이디푸스가 아버지를 살해한다는 예언이 틀렸다는 증거라며 좋아한다. 아내의 부름에 왕궁 밖으로 나온 오이디푸스도 그 소식을 듣고 기뻐하면서, 예언을 하찮은 것으로 여기고 우연의 법칙이 세상을 지배한다는 아내의 견해에 더욱 마음이 끌리게 된다. 그러나 예언의 절반이 틀렸다는 사실에 마음은 한결 가벼워졌지만 나머지 절반, 즉 '어미와 동침'한다는 예언 때문에 여전히 불안감을 떨쳐내지 못한다.

사자는 오이디푸스에게 걱정할 필요 없다면서, 폴리부스 왕과 왕비 메로페는 그의 친부모가 아니란 사실을 밝힌다. 폴리부스 집안의 하인 소생으로 어려서부터 그 집 양치기였다는 사자는 오이디푸스를 코린트로 데려간 사실을 확실히 기억하고 있었다. 과거 어느 날, 양을 치고 있는데 어느 양치기가 '두 발목에 구멍이 뚫려 가죽 끈으로 꿰어 있는' 갓난아기를 건네주길래 왕궁으로 데려갔더니 마침 자식이 없던 왕과 왕비가 아들로 삼았고, 그 아이가 바로 오이디푸스라는 것. 오이디푸스가 아기를 건네준 양치기의 신원을 묻자, 라이우스의 하인이란 대답이 돌아온다.

오이디푸스는 사실 확인을 위해 그 양치기를 찾아 대령하라고 말한다. 무언가 짚이는 것이 있는 요카스타는 그 일은 이쯤에서 끝내는 것이 좋겠다고 간청하지만, 그 부탁은 들어줄 수 없다며 고집을 꺾지 않자 도망치듯 왕궁으로 들어간다.

이윽고 그 양치기가 등장하자 오이디푸스는 아기를 넘겨준 사람을 밝히라고 다그치지만 대답하지 않다가 고문하겠다고 겁을 주자, 실은 라이우스의 아들이며 부모를 해친다는 '사악한 예언' 때문에 요카스타가 건네면서 죽여 없애라고 지시했으나 차마 죽이지 못하고 낯선 도시에서 성장하면 예언을 피할 수 있겠다는 생각이 들어 코린트의 양치기에게 넘겨주었다고 자백한다. 출생에 얽힌 비밀을 알고 절망한 오이디푸스는 진실이 밝혀졌다고 고함을 치며 왕궁으로 달려 들어간다.

양치기와 사자가 천천히 무대를 떠나고, 다른 사자가 나와 무대 밖에서 벌어진 비극적인 사건들을 묘사한다. 요카스타가 목을 맸으며, 침실 문을 부수고 들어간 오이디푸스는 아내의 주검을 목격하고 그녀의 황금 브로치를 뽑아 자기의 두 눈을 여러 번 찔렀다는 것.

사자의 이야기가 끝나자, 오이디푸스가 두 눈에서 피를 줄줄 흘리며 부축을 받고 왕궁에서 나와 크레온에게 '나를' 테베 밖으로 내보내주고 안티고네와 이스메네는 빼앗지 말아달라고 지시한다. 크레온은 모든 일에 지배자가 되려는 생각은 버리라고 대꾸한다.

〈콜로누스의 오이디푸스〉

테베에서 추방되어 오랫동안 방랑하던 오이디푸스가 아테네 외곽에 위치한 어느 숲에 당도한다. 앞을 보지 못하고 쇠약해진 그는 이제 안티고네의 부축을 받지 않으면 걸을 수가 없을 정도다. 인근 주민으로부터 그곳이 운명의 여신 에우메니데스*에게 바쳐진 성지란 말을 전해들은 오이디푸스는 그 시민에게 아테네와 콜로누스를 포함한 주변지역을 다스리는 테세우스 왕을 모셔오라고 청하고, 딸에게는 예전에 아폴론**이 그의 운명을 예언하며 영원한 안식처

---

* **에우메니데스**(Eumenides): 그리스 신화. 에리니에스(Erinyes)를 아테네 사람들이 부르는 이름. 로마 신화의 세 자매 복수의 여신들(Furies)에 해당한다. 대개 표준적인 질서의 입장에서 본 정의를 상징하며, 가족 살해처럼 자연 질서를 어긴 인간뿐만 아니라 죽은 사람에게도 벌을 주는 힘으로 나타난다. 인간사의 질서를 바로잡는 존재들이라는 점에서는 보복의 여신 네메시스(Nemesis)와 관련된다.

** **아폴론**(Apollon): 그리스 신화. 광명·예언·의술·가축·궁술의 신. 제우스와 레토의 아들이며, 처녀의 수호신 아르테미스와는 쌍둥이 남매. 로마 신화의 아폴로(Apollo).

로 점지한 땅이라고 밝힌다.

오이디푸스가 합창단*에게 자기 처지를 소개하는 막간극이 끝나자, 아폴론의 신탁을 들으러 갔다가 입장한 둘째 딸 이스메네가 테베에서 작은 오빠 에테오클레스가 큰 오빠 폴리니세스를 물리쳤으며, 폴리니세스는 테베를 공동 지배하는 동생과 크레온을 공격하기 위해 아르고스에서 외국인 군대를 모으고 있다는 소식을 전한다.

신탁은 오이디푸스의 무덤이 그것이 소재한 도시에 행운을 가져다준다고 예언했으며, 그 내용에 대해서는 크레온뿐만 아니라 두 아들도 알고 있다. 지금 폴리니세스와 크레온은 오이디푸스를 그들의 영토에 데려다놓고 매장권리를 얻으려는 속셈을 품고 콜로누스로 오고 있는 중이다. 그러나 오이디푸스는 자기가 추방될 때 수수방관한 두 아들 어느 누구의 편도 들지 않겠다고 맹세한다.

당도한 테세우스 왕이 안쓰러워하며 도울 방법을 묻자, 오이디푸스는 아테네에서 머물다 죽게 해달라면서도 만약 그 청을 들어주면 테베의 앙심을 사게 될 것이라고 경고한다. 테세우스는 기꺼이 그 청을 받아들인다.

크레온은 오이디푸스가 돌아가지 않겠다고 완강히 버

---

* **합창단**(Chorus/ Choros): 현대적인 의미의 합창단과 달리 고대 그리스 연극에서는 하나의 독립적인 등장인물처럼 다양한 역할을 맡아 관객과 배우들을 이어주는 가교 역할을 했다. 이전에는 12명이었으나 소포클레스가 15명으로 늘렸다.

티자, 안티고네와 이스메네를 볼모로 납치한다. 그 사실을 알게 된 테세우스는 오이디푸스에게 딸들을 구출해 주겠다고 약속하고, 잠시 후에 그들을 데리고 돌아온다.

곧이어 당도한 폴리니세스가 아버지를 데려가려 한다. 오이디푸스는 테세우스에게 아들을 내쫓아달라고 요청하지만, 테세우스와 안티고네는 아들의 말부터 들어보라고 권유한다. 폴리니세스는 아버지의 추방에 동의한 적이 없었고, 에테오클레스가 테베 사람들을 매수해 '내게서 등을 돌리게' 만들었다고 변명한다. 뻔뻔한 변명에 격노한 오이디푸스는 아버지의 추방을 방치했다며 호되게 꾸짖고, 두 아들이 서로의 손에 죽게 될 것이라고 예언한다.

아버지의 지지를 받지 못하리란 사실을 깨닫고 누이동생들의 동정을 얻기로 마음을 바꾼 폴리네시스는 '내가' 전장에서 죽으면 법도에 맞게 매장해 달라고 부탁한다. 안티고네는 오빠를 껴안으며 죽음을 자초하지 말라고 애원하지만, 결연하게 '내' 목숨은 신들의 손에 달려 있다며 누이동생들의 안전을 기원하고 테베를 향해 길을 떠난다.

요란하게 천둥이 치자, 합창단이 겁에 질려 소리친다. 오이디푸스는 죽을 때가 되었다는 신호라며, 테세우스를 불러 반드시 그의 시신에 몇 가지 의식들을 치러야 아테네가 신의 가호를 받을 수 있다고 말한다. 테세우스가 친구를 믿는다며 그 방법을 묻는다. 오이디푸스는 테세우스를 '내가'

죽을 곳으로 데려갈 텐데, 그 위치를 비밀에 붙이다가 죽을 때 후계자에게, 그리고 그 후계자가 죽을 때 다시 그의 후계자에게만 가르쳐줘야 언제까지나 안전한 도시를 다스릴 수 있을 것이라고 말하고, 갑자기 일어서더니 두 딸과 테세우스를 이끌고 죽을 곳으로 향한다.

사자(使者)가 나와 오이디푸스의 신비스러운 죽음을 묘사한다. 마치 '빛이 들어오지 못하는 지구의 심연들이 다정하게 손을 벌려 그를 맞아들이려고'(1886-1887행) 했는지 한순간에 그의 자취를 찾아볼 수 없었다는 것.

사자가 이야기를 마치자 안티고네와 이스메네가 만가(輓歌)를 부르며 등장한다. 안티고네는 흐느끼며 동생과 함께 살아 있는 동안 아버지를 애도할 것이라면서 이제는 갈 곳도 없으니 단둘이서 영원히 방황해야 할 것이라고 말한다. 테세우스가 다시 무대로 나와 울음을 그치라고 위로하자, 아버지 무덤을 보여달라고 간청하지만 오이디푸스의 당부 때문에 가르쳐줄 수 없다고 답한다. 마음을 접은 자매는 무사히 테베로 돌아가 오빠들이 서로 싸우는 불상사를 막을 수 있도록 도와달라고 부탁한다. 테세우스는 그 청을 받아들이고, 합창단은 모든 것이 신들의 뜻이니 울음을 거두라며 자매를 위로한다. 테세우스와 합창단은 아테네로 향해 나가고, 안티고네와 이스메네는 테베로 떠난다.

● **오이디푸스** Oedipus | 〈오이디푸스 왕〉과 〈콜로누스의 오이디푸스〉의 주인공. 전자의 줄거리가 시작되기 전에 테베 왕이 된다. 초자연적 존재인 스핑크스의 수수께끼를 풀어 테베를 재앙에서 구하고 그 도시의 왕이 되었으나 자신에 관한 진실에 대해서는 알고 있는 것이 없다. '발이 부운 사람'이라는 뜻의 이름이 그의 정체를 밝혀줄 단서다. 태어난 지 사흘 만에 부모에게 버림받고 '두 발목에 구멍이 뚫리고 묶인 채' 산 속에 버려진 후, 세상을 떠돌다가 테베로 가는 길목에서 예기치 않게 아버지를 죽였을 뿐 아니라, 더 나아가 어머니와 결혼까지 하는 기구한 운명의 사내.

● **요카스타** Jocasta | 오이디푸스의 어머니이자 아내요, 크레온의 누나. 〈오이디푸스 왕〉의 마지막 몇 장면에서만 등장한다. 첫 대사에서는 오이디푸스와 크레온을 화해시키기 위해 오이디푸스에게 크레온을 추방하지 말라고 간청하고, 그 후에는 오이디푸스를 다독거리며 티레시아스의 끔찍한 예언들이 엉터리일 수도 있으니 믿지 말라고 설득한다. 오이디푸스의 정체에 얽힌 수수께끼가 밝혀지자 자살한다. 이 오카스테(Iocaste).

● **안티고네** Antigone ｜ 오이디푸스와 요카스타 사이에서 태어난 맏딸. 오이디푸스의 딸이자 누이동생인 셈. 〈오이디푸스 왕〉에서는 크레온이 아버지의 추방을 준비할 때 잠깐 등장한다. 〈콜로누스의 오이디푸스〉에서는 좀더 비중이 커져 늙고 눈먼 아버지를 돌보면서 길잡이가 되어 함께 방랑한다. 그리고 〈안티고네〉의 주인공으로서, 테베 3부작에 등장하는 그 어떤 인물보다 돋보이는 용기와 혜안을 보여준다. 오이디푸스, 크레온, 폴리니세스 같은 인물들은 그들의 행동이 초래한 결과를 인정하려 들지 않는 반면, 뻔뻔할 정도로 자신이 올바르게 행동했다는 확신을 지닌 인물이다.

● **크레온** Creon ｜ 오이디푸스의 외삼촌이자 처남. 테베 3부작에서 가장 많이 등장하며, 어느 누구보다 권력과 관련된 흥망성쇠를 잘 보여준다. 〈오이디푸스 왕〉의 초반에는 왕이 되고 싶은 생각이 없다고 밝히지만 결말에 가까워지면서 왕이 될 기회가 생기자 야욕을 드러낸다. 〈콜로누스의 오이디푸스〉에서는 테베의 지배권을 놓고 조카들과의 싸움도 마다하지 않고, 〈안티고네〉에서는 왕이 되자, 오이디푸스의 통치 시기와 유사하게 독선적이고 고루하게 테베를 통치한다. 그러나 오이디푸스만큼 공감을 얻지 못하는 이유는 권위를 세우면서 위압적이고 관료적이기 때문이다.

● **폴리니세스** Polynices | 오이디푸스의 아우이자 큰아들. 〈콜로누스의 오이디푸스〉에서 잠깐 등장하며, 테베의 실권을 차지하기 위해 동생 에테오클레스와 전투를 벌이기 전에 아버지의 축복을 받기 위해 찾아온다. 아버지와 비슷한 처지를 부각시키려 드는 말은 오이디푸스가 지적하듯 자식의 도리보다는 동생을 누르고 잇속을 챙기려는 기회주의적인 면모를 보여줄 뿐이다. 폴리네이세스(Polyneices).

● **티레시아스** Tiresias | 〈오이디푸스 왕〉과 〈안티고네〉에 등장하는 테베의 위대한 장님 예언자. 전자에서는 오이디푸스에게 라이우스 왕의 살해범이 오이디푸스란 사실을 밝히고 불신을 당하며, 후자에서는 크레온에게 테베에 닥친 재앙의 원인이 크레온이라고 말했다가 역시 불신을 당한다. 그러나 오이디푸스와 크레온은 내심 그의 말이 사실이란 것을 알고 있다. 육신의 눈으로는 세상을 보지 못해도 앞날을 내다볼 수 있다는 점에서 육신의 눈은 멀쩡하면서도 자신들에 관한 진실을 보지 않으려고 드는 마음의 눈이 먼 사람들과 대비된다. 테이레시아스(Teiresias).

● **하이몬** Haemon | 크레온과 에우리디케의 아들이자 안티고네의 약혼자. 〈안티고네〉에서만 등장하며, 크레온이 안티고네를 묘에 가둬 굶겨 죽이기로 결정하자 아버지의 결

정이 부당하다고 따지다가 결국에는 안티고네의 시신을 껴안고 자살한다.

● **이스메네** Ismene | 오이디푸스의 둘째딸. 〈오이디푸스 왕〉의 끝, 〈콜로누스의 오이디푸스〉와 〈안티고네〉에서 잠시 등장한다. 〈안티고네〉에서는 비중은 작지만 언니의 당당하고 용감한 모습을 돋보이게 한다. 안티고네가 폴리니세스의 매장을 도와달라고 청할 때는 크레온이 두려워 발을 빼지만, 크레온이 안티고네를 죽이겠다고 위협할 때는 언니와 함께 죽겠다고 나선다. 안티고네는 동생이 용기가 없어 나서지 못했던 일에 목숨을 걸지 않도록 말린다.

● **테세우스** Theseus | 〈콜로누스의 오이디푸스〉에 등장하는 용맹한 아테네의 왕. 오이디푸스의 가혹한 운명에 연민을 느끼고 크레온에게서 보호해 준다. 오이디푸스로부터 '나의' 매장 장소에 대해 혼자만 알고 있다가 죽기 전에 후계자에게만 알려주고, 그 후계자도 죽을 때 다시 그의 후계자에게만 알려주어야 대대손손 도시를 안전하게 통치할 수 있다는 귀띔을 받는다. 오이디푸스가 명부(冥府)로 내려간 장소를 정확히 알고 있는 유일한 인물. 시민들로부터 아테네를 그리스의 중심에 올려놓은 영웅으로 존경받듯, 아테네의 충성스런 시민 소포클레스도 그를 신들의 축복을 받

는 인간으로 묘사하고 있다.

● **합창단** Chorus/ Choros | 때로는 우스꽝스러울 정도로
어수룩하거나 변덕스럽고, 때로는 사태의 본질을 꿰뚫어보
며, 때로는 감상적인 태도로 무대 위에서 펼쳐지는 사건에
개입한다. 그들의 반응을 보면 관객이 무대에서 펼쳐지는
광경을 어떻게 해석해야 하는지, 또는 어떻게 해석하면 안
되는지를 알 수 있다.

● **에우리디케** Eurydice | 크레온의 아내. 하이몬의 죽음에
충격을 받고 자살한다.

오이디푸스

　행동이 신속하고 진취적일 뿐만 아니라 통찰력도 뛰어난 인물. 〈오이디푸스 왕〉의 도입부에서는 이 같은 소양들에 힘입어 시민들의 요구를 미리 내다보는 탁월하고 자신감 넘치는 통치자로 등장한다. 예컨대, 테베 시민들이 역병의 대책을 세워달라고 탄원하는 장면에서 관객들은 이미 크레온을 델포이의 무녀에게 보내 예언을 받아오도록 명했다는 사실을 알게 된다. 그러나 이처럼 신속하게 행동하는 성격은 위험하고 경솔한 측면도 있다. 테베로 이어지는 길목의 삼거리에서 한 무리의 여행자들과 마주쳐 시비를 벌이다가 뜻하지 않게 살인을 저지르게 되는 것.

　자신감 넘치는 모습에도 그럴 만한 이유가 충분하다. 테베를 스핑크스의 저주로부터 구해내면서 사실상 하루아침에 왕이 되었던 것이다. 재앙을 물리칠 방안을 세워달라는 테베 시민들에게 펼치는 일장연설은 마치 자기 이름이 모든 문제를 해결하는 주문(呪文)인 양 생각하는 듯한 느낌을 갖게 한다.

　여기 내가 친히 나왔노라─

그대들 모두가 알고 있고, 온 세상이 그 명성을 알고 있는
나는 오이디푸스이니라.(7-9행)

그러나 이 작품이 끝날 무렵에는 오이디푸스라는 이름
은 그 자체가 저주가 되며, 〈콜로누스의 오이디푸스〉에서
는 그 정도가 더욱 심해져 합창단의 지도자는 이름만 듣고
도 공포에 질려 소리친다.

당신, 당신이 바로 그 사람이오?(238행)

오이디푸스의 거침없는 행동과 넘치는 자신감은 〈오이
디푸스 왕〉이 끝날 때까지 수그러들지 않는다. 크레온을 추
궁하고, 티레시아스를 불러들이고, 티레시아스와 크레온에
게 처형과 추방 위협을 가하고, 라이우스의 일행 가운데 유
일한 생존자인 양치기를 소환하고, 그를 코린트로 데려간
양치기를 찾아내고, 왕궁으로 달려 들어가 요카스타의 시
신을 보자 그녀의 옷을 여미고 있던 황금 브로치로 제 눈을
찌르고, 이어 크레온에게 테베 밖으로 내보내 달라고 지시
하는 것. 이처럼 끊임없이 움직이는 모습은 저만치 앞서가
는 숙명을 따라잡으려고 애쓰는 듯한 인상을 준다. 그러나
〈콜로누스의 오이디푸스〉에서는 인생의 많은 부분이 자신
의 통제 한계를 넘어섰다는 현실을 인정하기 시작한 것처

럼 보인다. 대부분의 시간을 행동보다는 앉아서 보내는데, 가장 통탄스러운 부분은 크레온이 두 딸을 빼앗아갈 때 무기력하게 허우적대고, 전적으로 테세우스에게 의지할 수밖에 없는 처지가 되었다는 점이다.(825-960행)

일단 테세우스에게 모든 일을 맡긴 이후에는 마음의 평화를 찾을 준비가 된 것처럼 보인다. 콜로누스에서 마침내 다른 사람과 연대를 맺었고, 기나긴 방랑 끝에 일종의 집을 찾았기 때문이다. 여기서 가장 의미심장한 행동은 죽을 곳으로 가기 위해 의도적으로 무대를 벗어나는 것이다. 이 작품의 마지막 장면에 담긴 성급함과 밀어붙이기는 〈오이디푸스 왕〉의 도입부와 같지만, 그 성급함은 적어도 그에게는 공포가 아니라 안식을 향한 것이다.

안티고네

아버지를 그대로 빼닮은 딸. 〈안티고네〉의 첫 부분부터 크레온의 매장 금지령을 어기고 오빠 폴리니세스의 매장 계획을 세울 정도로 과감하고 단호한 인물. 그러나 아버지와는 달리, 과거를 잊지 않고 현재를 살피는 역량이 탁월하다. 오이디푸스는 여러 차례나 그를 도와준 예언자 티레시아스를 홀대하고 삼거리에서 라이우스와 만났던 사실을 거의 까맣게 잊어버린 듯하지만, 그녀는 아버지가 자식들에게 겪게 했던 슬픈 일들에 대해 언급하면서 연극을 시작하는 것. 이처럼 자신의 내력을 또렷이 기억하고 더 이상 잃을 것이 없다고 생각하기 때문에 특히 크레온에게는 오이디푸스보다 훨씬 더 위험한 인물이다. 이스메네는 크레온의 손에 죽을지도 모른다는 생각에 겁을 집어먹고 주저하지만, 오빠를 위해 죽는 영광을 고대하는 그녀는 죽음을 전혀 개의치 않는다. 그러나 이처럼 고귀한 감성을 표현할 때조차 그녀의 집안을 파괴시킨 도착적 심성이 계속 나타난다. 목숨을 잃더라도 폴리니세스의 시신을 매장하겠다면서, ‘연인의 사랑을 받으며 그 사람과 함께 누울 것’이라고 말하는데, 마치 오이디푸스 집안의 자기파괴적 충동이 항상 근친상간으로 이어지듯 어렵지 않게 성적인 암시를 느낄 수 있다.

신들의 법과 인간의 법이 갖는 차이에 관심을 이끌어내는 그녀는 테베 3부작에 등장하는 그 누구보다 크레온의 권위를 불신하는데, 그의 명령들이 신들의 뜻이나 인간의 확고부동한 전통들보다 우위에 있을 수 없다고 지적할 때는 폴리니세스의 시신 매장을 금하는 크레온의 명령을 고약하고 우스꽝스럽게 보이도록 만든다. 크레온은 그녀의 항변을 감정이 북받쳐 쏟아낸 말에 불과하다고 치부하지만, 나중에 다시 티레시아스의 말 속에서 되풀이되자 결국에는 동요한다. 그러나 오빠의 시신 매장을 고집하는 동기는 단순히 고인(故人)이나 전통에 대한 존중보다는 복잡하다. 남편이나 자식들을 위해서라면 왕명을 거역하는 부담은 떠안

지 않았을 것이라면서 남편이나 자식들은 다시 얻을 수 있지만 오빠는 일단 부모가 돌아가시면 얻을 수가 없기 때문이란 이유를 대는데, 여기서 관객은 가족관계가 너무 절실한 나머지 죽어서라도 지키려고 드는 여인을 본다.

크레온

합창단을 제외하면 테베 3부작에서 등장하는 시간이 제일 길고 많은 부분에서 그의 말이 아주 중요하기 때문에 이따금 겉모습처럼 권위만 내세우는 인물로 치부해서는 안 된다. 인간의 법이 갖는 현실적인 힘과 인간에게는 질서정연하고 안정된 사회가 필요하다는 현실적인 면을 대변하는 인물. 〈오이디푸스 왕〉에서 처음 등장할 때는 테베 시민들과 거리가 있는 사람처럼 묘사된다. 오이디푸스에게 델포이의 무녀로부터 새로운 소식을 가져왔다며 궁에서 들려주겠다고 말하는 것. 이처럼 정치가다운 은밀하고 사무적인 분위기는 모든 사람들 앞에서 그 소식을 털어놓으라고 말하는 오이디푸스와는 뚜렷이 대비된다. 오이디푸스는 정보를 숨김없이 발표함으로써 정치지도자로서의 힘을 축적하는가 하면, 진심을 그대로 털어놓고 요카스타의 간곡한 만류에도 불구하고 진실을 알려고 하는 반면, 그는 공작의 대가이자 속마음을 감추고 사실을 얼버무린다.

〈오이디푸스 왕〉에서 크레온이 '나', 요카스타, 오이디푸스가 '똑같은 힘으로' 통치하기 때문에 구태여 오이디푸스의 자리를 찬탈하고픈 욕망이 없다고 주장할 때(651-690행)는 매우 설득력 있게 들린다. 부분적으로는 오이디푸스가 추방을 명한 직후여서 관객들이 그에게 동정심을 느끼는 순간이었기 때문이다. 오이디푸스의 성급하고 격한 성격이 초래한 어리석음에 대응하는 그의 말은 이성의 목소리처럼 들린다. 이 작품의 끝부분에서 오이디푸스를 추방하고 자식들과 떼어놓으려는 열망을 드러낼 때, 관객은 비로소 그가 무엇보다 왕위를 원했다는 사실을 깨닫게 된다.

〈콜로누스의 오이디푸스〉에서는 표리부동한 태도가 정점에 달해 다시 한 번 오이디푸스로부터 무언가를 얻어내려고 하는데, 오이디푸스와 테세우스에게 던지는 달콤한 말은 안티고네와 이스메네를 납치하려는 비겁한 시도로 인해 더욱더 추악해진다. 〈안티고네〉에서는 에테오클레스와 폴리니세스가 죽게 되면서 드디어 혼자 최고 권력을 차지하지만 정세가 안정되고 권력기반이 단단해진 이후에는 오이디푸스가 저질렀던 실수들을 답습하기 시작한다. 예컨대, 그가 티레시아스를 무시하는 대목(1144-1180행)과 〈오이디푸스 왕〉에서 오이디푸스가 티레시아스를 모욕하는 대목(366-507행), 〈안티고네〉의 결말에서 그가 잘못을 뉘우치며 울부짖는 대목과 〈오이디푸스 왕〉의 결말에서 오이디푸스가 잘못을 뉘우치며 울부짖는 대목이 상응하는 것. 가장 호의적으로 평가할 수 있는 부분은 기껏해야 마지막 대사에서 운명이 가져올 그 어떤 새로운 재앙이든 기다리겠다며 안티고네처럼 말하기 시작한다는 점이다. 스스로 '하찮은 존재', 별 볼일 없는 사람이라고 부르짖지만, 결국 그를 인간답게 만드는 것은 그의 고통이다.

합창단

15명으로 구성되어 있으며, 비록 일관성은 다소 떨어지지만 예측할 수 있는 방식으로 사건들에 반응하는데, 일반적으로 평화와 안정에 대한 갈망을 표현한다. 예컨대, 〈오이디푸스 왕〉에서는 오이디푸스에게 크레온을 추방하지 말라고 요구하고(725-733행), 〈콜로누스의 오이디푸스〉에서는 테베에 내릴 저주가 두려워 오이디푸스를 콜로누스로부터 내쫓으려 들고(141-151행), 〈안티고네〉에서는 안티고네의 행동들이 슬기롭지 못하다고 의문을 제기하는데(909-962행), 이처럼 일반적으로 잘못된 일이라고 여겨지는 현상(現狀)을 유지하려고 든다. 이를테면, 비겁하다기보다는 소심하고 순응적이며, 무엇보다도 급격한 변화를 막고자 한다.

테베 3부작의 각 작품에서 마지막 대사가 주어지는 합창단이 작업할 수 있는 여러 가지 방식을 이해하는 최상의 방법은 아마도 그 마지막 대사들을 살펴보는 일이 될 것이다. 〈오이디푸스 왕〉의 대단원에서 합창단은 '테베 시민들'과 극장 관객들을 뒤섞어놓는데, 이 작품이 전달하려는 직접적인 메시지는 하나의 깜깜한 절망이다. 즉 '죽어서 마침내 고통을 벗어날 때까지는 행복한 사람이라고 말하지 말아야'(1684행)한다는 것. 이 메시지를 등장인물 가운데 한 사람이 아니라 합창단이 전하기 때문에 관객들은 모든 일이 종결되었다고 착각한다. 다시 말해, 오이디푸스가 죽은 것처럼 노래하고, 마지막 대사에서는 모종의 위안이 있을지 모른다고 암시하는 것. 그러나 곧바로 관객들은 당연히 오이디푸스가 죽지 않고 장님에다 비참한 상태로 테베를 떠나 어딘가를 떠돌고 있다는 것을 깨달아야 하며, 앞으로 무슨 일이 일어날지 모르기는 오이디푸스나 마찬가지다. 이렇게 인간 조건을 보편화하고, 주인공뿐만 아니라 합창단의 정서로 관객들을 끌어들여 공감하게 이끄는 힘으로 인해 이 작품이 특히 가슴 미어지는 비극, 서양 문화가 낳은 원형적인 이야기가 되는 것이다.

〈콜로누스의 오이디푸스〉가 끝날 때는 모든 일이 신들의 손에 달려 있으니 할 말이 없다는 생각을 진심으로 표현하는 것 같은데, 이 작품을 절망적이기보다는 비록 애매하긴 해도 희망적으로 보이게 만드는 의지적인 체념이다. 오이디푸스의 방랑은 나름대로 도움이 된 것 같다. 반면, 〈안티고네〉의 마지막 합창은 겉으로는 다른 두 작품보다 훨씬 희망적인 듯하지만, 실제로는 훨씬 더 암울하고 애매하다. 구체적으로 시련이 가져다주는 지식에 대한 희망을 품고 끝나는 이 작품은 그저 죽음에 관한 상투적인 말이나 운명은 인간이 통제할 수 없다는 사실을 확인하며 끝나는 다른 두 작품과는 결말이 판이하다. 관객들은 "지혜야말로 단연코 환희의 가장 큰 부분이다" 같은 진술을 받아들이고 믿을 수 있으며, 어쩌면 외견상 도입부에서의 안티고네처럼 크레온도 시련을 통해 중요한 사실을 배웠을 것이라고 생각할지 모른다.

합창단은 사람들이 시련을 통해 배운다고 믿는 듯이 보이지만, 소포클레스의 생각은 다를지 모른다. 〈안티고네〉는 테베 3부작에서 가장 나중에 벌어진 사건들을 묘사하면서도 시기적으로는 가장 먼저 씌어졌고, 다른 두 작품에서는 시련이 사람에게 시련을 영속화하는 방법 이외에 무언가를 가르쳐준다는 증거는 거의 찾아보기 힘들기 때문이다.

주제, 모티프, 상징

| 주제 |

문학 작품에서 전체 내용을 관통하는 근본적이고 포괄적인 생각.

불문법(不文法)의 힘

폴리니세스를 물리치고 테베의 왕권을 차지한 크레온은 외국 군대를 이끌고 테베로 쳐들어왔다가 에테오클레스의 손에 죽은 폴리니세스의 시신을 매장하지 못하도록 명을 내려 개들과 새들이 뜯어먹게 방치함으로써 누가 보더라도 눈살을 찌푸리지 않을 수 없는 '패륜'(〈안티고네〉 231행)을 연출한다. 그의 생각인즉슨 폴리니세스는 나라의 적인 반역자였으며, 나라가 안전해야 가정과 종교를 비롯한 모든 인간적 생활이 가능해지기 때문에 그 같은 조치는 정당하다는 것. 따라서 그의 사고방식에 따르면, 국익은 그 어떤 의무와 가치들보다 우선한다.

그러나 뒤이어 벌어지는 사건들은 나라와 법보다 더 근본적인 의무들이 있다는 것을 보여준다. 고인(故人)을 매장할 의무는 시민이기 이전에 인간의 도리에 속하기 때문에 시신을 부패하도록 방치하는 것은 단순히 범죄라기보다는 구역질나는 '패륜'이라는 것이다. 고인에 대한 의무 같은 도덕적 책무들은 불문법과 전통, 즉 안티고네가 호소하는 법의 중요 부분을 구성한다.

진실을 무시하려는 의지

〈오이디푸스 왕〉에서 오이디푸스와 요카스타는 라이우스의 살인에 얽힌 진실로 차츰 접근하기 시작할 때, 오이디푸스는 실낱같은 희망이라도 붙들기 위해 아주 소소한 것에 집착한다. 요카스타가 라이우스는 '도적들'에게 살해되었다는 이야기를 들었노라고 말을 해도 그는 분명히 비슷한 정황에서 어떤 사람을 죽일 때 혼자였기 때문이다. 그들은 마치 하인의 이야기라도 일단 입 밖에 나오면 반박할 수 없는 역사인 것처럼 행동하고, 그 말이 틀렸을 경우에 벌어질 사태의 가능성에 대해서는 전혀 생각하지 못한다. 따라서 요카스타는 오이디푸스에게 아들이 아버지를 죽일 것이란 예언을 입에 담을 수 있다고 느끼고, 오이디푸스도 신탁에 의해 그와 유사한 예언을 들었다고 말할 수 있는 것인지 모른다.(867-875행)

그리고 그들 누구도 우연의 일치에 대해 말해야 한다는 생각은 하지 않는다. 아니, 어째서 오이디푸스는 요카스타가 아들의 '두 발목을 뚫고 가죽 끈으로 묶어' 내다버리게 했다는 이야기를 들으면서도(780-781행) 자신의 발목이 부풀었다는 것과 연결시킬 생각을 하지 못할까? 이 같은 대화들에 담긴 정보는 대개 관객들이 고통스럽게 얄궂은 비극을 의식하게 만들려는 의도에서 나온 것이며, 아울러 오이디푸스와 요카스타가 그 정황들과 일상적인 세세한 사실들에서 분명한 진실을 보면서도 입에 담지 않으려고 몸부림치는 모습을 부각시킨다.

자유의지의 한계

〈오이디푸스 왕〉에서 예언은 핵심적인 부분이다. 이 극시는 델포이의 신탁소에 파견되었던 크레온이 테베가 라이우스의 살인자를 추방해야 역병이 가라앉을 것이란 예언을 듣고 돌아오면서 시작된다. 티레시아스도 자식에게 아버지이자 형인 사람을 체포해야 한다고 예언한다. 라이우스에게 그들 부부의 아들이 자라서 아버지를 죽일 것이란 예언이 내린 적이 있다는 요카스타의 말을 들은 오이디푸스도 어렸을 때 '아비를 죽이고 어미와 동침할 것'이라는 예언을 들었다고 대꾸한다. 요카스타가 그 아들이 라이오스를 죽이기도 전에 먼저 죽었다면서 예언들이 믿을 것이 못 된다고 말하자, 오이디푸스가 수긍한다. 그러나 소포클레스는 그 예언들을 모두 실현시킴으로써, 기원전 5세기 아테네에서 공격받기 시작한 신들과 예언자들의 권능을 정당화하려 했던 것처럼 보인다.

소포클레스의 관객들이 오이디푸스 설화를 당연히 알

고 있었을 것이기 때문에 이 작품의 결말은 점점 더 변화를 줄 수 없게 되었다. 예언의 실현 이외에는 달리 선택의 여지가 없어 보이는 오이디푸스에게 '눈이 멀었다'거나 어리석다고 비난하는 것은 옳다고 말하기 어렵다. 그는 출생과 관련된 예언 때문에 태어나자마자 테베에서 버려졌고 공교롭게도 목숨을 건져 코린트로 가서 왕의 아들로 자라다가 아버지를 죽일 운명이란 예언을 듣고 그곳을 떠났으나 훨씬 더 공교로운 우연에 의해 테베로 돌아와 이제 아버지의 자리를 차지하고 있다. 이처럼 숙명을 피하기 위해 최선을 다했음에도 결국 벗어나지 못하고 파국을 맞는 그는 한 가지 '비극적 오류'* 때문에 파멸을 자초했다고 주장한 사람들이 많지만, 실제로 그 오류에 대해 공감대를 이끌어낸 사람은 없다. 어쩌면 오이디푸스 이야기가 전하려는 교훈은 실수와 재난은 누구에게나 일어날 수 있으며, 인간은 숙명이나 신들 앞에서는 상대적으로 무기력하고, 신중한 겸양이 인생을 대하는 최상의 태도라는 것인지 모른다.

| 모티프 |

---

* **비극적 오류**(tragic flaw): 아리스토텔레스의 〈시학〉에 나오는 하마르티아(hamartia)의 번역. 비극에서 주인공의 파멸을 가져오는 어떤 실수를 의미하는데, 반드시 부도덕한 행위일 필요는 없고 어떤 사실을 모르거나 잊어버리는 정도의 단순한 문제도 포함된다. 오이디푸스의 경우, 아버지인 줄 모르고 아버지를 죽였으며, 어머니인 줄 모르고 어머니와 결혼하는 일련의 숙명적인 사건들이다.

작품의 대표적인 주제들과 관련하여 전체에 통일감을 주는 것으로, 되풀이되는 구조나 대비, 또는 문학적 장치, 등.

자살

테베 3부작에서 죽는 인물은 거의 모두 스스로 목숨을 끊거나 〈콜로누스의 오이디푸스〉의 경우처럼 원해서 죽는다. 〈오이디푸스 왕〉의 요카스타와 〈안티고네〉의 안티고네는 스스로 목을 맨다. 〈안티고네〉의 결말 부분에서는 에우리디케와 하이몬이 품고 있던 장도를 꺼내 가슴을 찌르고 죽는다. 오이디푸스는 〈오이디푸스 왕〉의 끝에서 끔찍한 자해(自害)를 가하고, 〈콜로누스의 오이디푸스〉에서는 자발적으로 신비스러운 죽음을 향해 간다. 폴리니세스와 에테오클레스는 전투에서 서로를 죽이는데, 적어도 폴리니세스의 죽음은 아버지의 저주를 들었고 자기의 대의가 수용되지 않았다는 것을 알고 있다는 점에서 자초한 것이라고 주장할 수 있다. 테베 3부작에서는 근친상간이 모든 죽음을 조장하거나 간접적으로 유발한다.

눈이 멀쩡한 상태와 실명 상태

테베 3부작에는 글자 그대로의 뜻이든 은유적이든 시력과 시야에 대한 언급이 자주 나온다. 종종 또렷한 시야와 연관되는 심상은 지식과 직관을 나타내는 비유로 쓰인다. 사실상 이 은유는 현대 영어에서도 그렇지만, 너무나 그리스적인 사고방식의 일부이기 때문에 은유라고 할 수도 없을 정도다. "나는 진실을 본다(I see the truth.)"든지 "나는 세상이 돌아가는 방식을 본다(I see the way things are.)"는 완벽하게 일상적인 표현이었던 것. 그러나 시력(eyesight)과 직관(insight)에 대한 언급들은 글자 그대로와 은유적인 실명 상태에 관한 언급들과 어우러져 의미심장한 양식을 형성한다. 눈이 밝고 이해력이 빠르기로 유명한 오이디푸스는 오랫동안 진실을 제대로 보지 못했다는 사실을 깨닫게 되면서 자식들이자 형제자매들을 보지 않으려고 제 눈을 찔러 실명 상태가 된다. 〈안티고네〉에서는 크레온도 진실을 보지 못하는 경향이 있다. 노쇠한 오이디푸스는 비록 눈은 멀었지만 마침내 제한적이나마 예지적인 시력을 얻게 된다. 티레시아스는 앞을 보지 못하면서도 눈이 멀쩡한 사람들보다 더 멀리 내다본다.

전반적으로 테베 3부작은 인간이란 지적 통찰력과 직관이라는 놀라운 힘을 내보일 수 있고 지식을 습득할 수 있는 엄청난 역량이 있지만, 지극히 영리한 인간도 실수하게 마련이며 지식 습득 역량도 궁극적으로는 아주 제한적이고 신뢰할 수 없다고 말하려는 것 같다.

무덤과 매장

〈안티고네〉와 〈콜로누스의 오이디푸스〉의 극적 줄거

리의 핵심은 매장이며, 〈오이디푸스 왕〉에서도 매장에 대한 믿음들은 중요하다. 폴리니세스는 죽은 뒤에도 무덤에 묻히지 못하고 땅 위에 방치되어 부패하는 광경은 신들과 그의 피붙이들에게는 견딜 수 없는 모욕일 뿐 아니라 고대의 전통에도 어긋난다. 안티고네는 산 채로 묘에 갇혀 지켜보는 사람들을 경악하게 만든다. 〈오이디푸스 왕〉의 끝부분에서 오이디푸스는 인간성이 오염되고 신들과 인간들의 눈에도 역겨운 존재이기 때문에 테베 성에 머물거나 테베의 영토에 매장될 수 없다. 그럼에도 불구하고 〈콜로누스의 오이디푸스〉에서는 콜로누스 근처에 묻히기로 선택하면서 아테네 시민들에게 대대로 미래의 침략자들로부터 보호해 주겠다고 약속하는 신비한 선물을 제공한다. 고대 그리스에서는 반역자들과 피붙이를 살해한 사람들은 그 도시의 영토 안에 매장될 수는 없었지만, 여전히 그 혈족에게는 그들을 매장할 의무가 있었다. 사람들이 혈족에 대해 지켜야 할 기본적이고 피할 수 없는 의무들 가운데 하나인 매장은 가족에 대한 의무와 도시국가에 대한 의무 사이에서 생길 수 있는 갈등들과 혈연관계에서 비롯되는 의무들을 대표한다.

| 상징 |

추상적인 관념이나 개념을 표현하기 위해 사용하는 사물, 기호, 인물, 색, 등.

오이디푸스의 부은 발

〈오이디푸스 왕〉에서 코린트의 사자가 말하듯이 오이디푸스라는 이름은 두 발목에 구멍이 뚫린 채 묶였던 두 발이 부었기 때문에 붙여졌다. 라이우스는 갓 태어난 아들의 '두 발목을 뚫고 가죽 끈으로 묶어' 인적이 없는 산 속에 내다버리게 했다. 그때 입은 상처는 오이디푸스에게 평생 선명한 흉터를 남겼으며, 숙명이 그를 지목하고 남들과 떼어놓은 방식 및 아폴로 신이 라이우스에게 내린 예언에 의해 태어날 때부터 움직임이 제한되고 억제된 방식을 상징한다.

삼거리

〈오이디푸스 왕〉에서 라이우스가 살해되었다는 세 갈래 길이 만나는 곳에 대해서는 여러 차례 언급되는데, 오이디푸스가 '아비를 죽이고 어미와 동침할 것'이란 끔찍한 예언이 실현되기 시작했던 중대한 순간을 상징한다. 삼거리란 어느 곳으로 갈지 선택해야 하는 장소이고, 따라서 통상적으로 결정들이 중차대한 결과들을 낳지만 여전히 다른 선택들도 가능한 순간들을 상징한다. 이 작품에서는 기억도 희미한 까마득한 과거의 일부이자 오이디푸스가 숙명적인 결정을 내릴 당시에는 알지도 못했던 곳이면서, 자유와 선택보다는 예언이 지닌 가공할 힘과 숙명을 상징한다.

안티고네의 생매장

크레온은 안티고네를 산 채로 묘에 가두고는 그 누구의 손에도 피를 묻히지 않고 죽일 수 있을 정도의 음식만 넣어준다. 그 생매장은 그녀의 충성심과 정이 하이몬이나 이스메네 같은 산 사람들이 아니라 망자들인 오빠와 아버지에게 있다는 사실뿐만 아니라, 크레온의 판단력 부족과 신들에 대한 무례도 상징한다. 티레시아스는 크레온에게 썩어가는 시신을 매장하지 않고 짐승들이 뜯어먹도록 방치하고 산 사람을 묘에 가둔 것은 끔찍한 죄악이라고 지적한다. 폴리니세스의 시신과 안티고네에게 자행한 짓들은 그가 자연 질서를 뒤엎고 신들의 영역을 통제하려 함으로써 신들도 거역한다는 것을 보여준다.

Play별 정리 노트

〈안티고네〉
1-416행

내 피붙이 동기—소중한 동생, 사랑하는 이스메네야,
아버지 오이디푸스께옵서 슬픔을 많이도 물려주셨구나!

: 줄거리

테베에 밤이 왔다. 지난 며칠간, 오이디푸스의 아들이
자 안티고네와 이스메네의 오빠인 에테오클레스와 폴리니
세스 사이에서 테베의 왕권을 차지하기 위한 싸움이 벌어
졌고 서로의 손에 모두 죽고 말았다. 폴리니세스가 이끌었
던 침략군은 물러갔고, 지금은 크레온이 테베를 통치하고
있다. 안티고네와 이스메네가 왕궁 안의 제단으로 다가가
오빠들의 죽음을 애도한다.

안티고네는 크레온이 폴리니세스의 시신을 매장하는
자는 누구든 처형하겠다는 왕명을 내렸다면서, 오빠의 시
신 매장을 도와달라고 부탁한다. 이스메네가 가족들의 불
행을 생각해 보라면서 왕명을 거역했다가는 유일하게 살아
남은 '우리 자매'마저 비참하게 죽을 수 있다며 거부한다.

안티고네는 법과 죽음보다는 명예와 사랑이 더 중요하다고 쏘아붙이고 반드시 '오빠에 대한 의무를 다하겠다'며 퇴장한다. 이스메네는 언니가 잘못된 길을 가고 있지만 언제까지나 사랑하겠다는 말을 남기고 왕궁으로 퇴장한다.

테베의 원로들로 구성된 합창단이 나와 테베의 영광을 찬양하고 테베를 만신창이로 만든 폴리니세스의 교만을 나무라는 송가(頌歌)*를 부른다. 이어 원로회의를 소집한 '이 나라의 새로운 왕' 크레온이 나와 테베가 질서와 안녕을 되찾았다며 변함없는 충성을 요구하고, 테베를 위해 싸우다 전사한 에테오클레스는 훌륭하게 장례를 치러주겠지만, 테베를 유린하기 위해 외국인 군대를 이끌고 쳐들어왔다가 동생 손에 죽은 폴리니세스의 시신은 신들의 뜻을 어기더라도 치욕스럽게 방치된 채 짐승들이 뜯어먹게 하겠노라고 선포한다. 합창단은 왕명을 따르겠다고 말한다.

사자가 등장한다. 왕의 반응이 두려워 쭈뼛거리던 그는 재촉을 받고서야 '누군가가 의식을 치르고 (폴리니세스의) 시신을 묻었다'는 달갑지 않은 보고와 함께, 허둥대던 파수병들이 왕에게 알리기로 결정하고 제비뽑기를 통해 '제가' 오게 되었다고 아뢴다. 합창단은 신들이 그 시신을 매

---

* **송가**(ode): 특정 개인이나 행사를 위한 장엄하고 정교한 서정적 운문이며, 대개 춤과 함께 불려졌다.

장했을지도 모른다는 견해를 피력한다. 신들은 결코 반역자 편을 들어줄 리 없다고 꾸짖은 크레온은 도성 안의 불순분자들이 파수병들에게 뇌물을 먹이고 왕명을 어기게 만든 것이 분명하다며 '사람들 사이에서 통용되는 것 가운데 돈만큼 해로운 것이 없다'고 덧붙이고, 사자에게는 파수병들이 범인을 잡아오지 못하면 모두 죽음 이상의 벌로 다스리겠다고 으름장을 놓고 왕궁으로 들어간다. 사자는 테베를 영원히 떠나겠다는 의도를 밝히고 그 자리를 피한다.

합창단은 '그 어느 것보다 무서운' 인간이 어떻게 세상을 지배하는지 열거하고 다만 죽음을 면하는 수단은 아직 손에 넣지 못했다고 노래하면서, 인간은 힘을 국법과 신들의 정의에 맞춰서만 사용해야 하며, 사회는 분별없는 목표들을 이루기 위해 의지를 발휘하는 사람들을 내버려두어서는 안 된다고 덧붙인다.

: 풀어보기

도입부의 사건들에서부터 일찌감치 이 작품의 핵심 갈등이 분명하게 제시된다. 크레온은 외국의 군대를 이끌고 조국에 쳐들어온 반역자 폴리니세스에게는 법도에 맞는 장례를 치러주면 안 된다는 왕명을 내렸고, 안티고네는 유일하게 그 명에 과감히 맞서 혈연의 거룩한 의무를 강조한다.

크레온은 폴리니세스를 물리쳤다는 들뜬 기분 속에서도 합창단과 관객에게 확고하게 선언하듯 공동선보다 사적인 유대를 중시하는 사람을 싫어하는 반면, 안티고네는 가족 구성원들의 상호 의무를 무시하는 법은 정당성이 없다고 보는 것. '원리원칙,' '법,' '정책,' '포고령' 같은 낱말들이 두드러지는 첫 연설에서는 크레온이 최고 권위로서의 정부와 법에 얼마나 집착하고 있는지를 보여준다. 이처럼 각자 옹호하는 신념들이 절대적으로 정당하다고 믿기 때문에 두 사람 사이에는 타협이 있을 수 없다.

관객들은 그들의 갈등에서 의무와 가치관들의 실질적인 충돌을 보았을 것이다. 각기 상이하지만 타당성 있는 원리들 사이에는 갈등이 생길 수 있으며, 그 경우에는 실질적 판단과 심사숙고가 필요하다는 것을 분명히 인식하고 있던 아테네 시민들의 도덕적 관점에서 보면, 두 사람의 입장에는 똑같이 결함이 있다. 왜냐하면, 둘 다 오로지 한 종류의 '선'이나 의무만 인정함으로써 윤리적인 삶을 지나치게 단순화하기 때문이다. 그 결과, 갈등이 존재한다거나 심사숙고가 필요하다는 엄연한 사실을 무시하고, 더 나아가 그들의 결정을 정당화하고 이행하는 방식에서 교만이라는 위험한 단점을 드러낸다. 안티고네는 오빠의 시신 매장이 '명예로운' 행위이기 때문에 죽음도 개의치 않는다며 뜻을 꺾지 않고, 독재자 크레온은 융통성 없고 타협할 줄 모르며 그 어떤 충고도 들으려 하지 않는 것. 교만은 그들이 지닌 인간적 유한성, 즉 힘의 한계를 간과하게 만들기 때문에 위험하다.

이상하게도 실질적 판단에 의해 요구되는 대안들을 신중히 저울질하는 모습과 불확실성을 드러내는 유일한 인물인 사자에게는 적절한 행동 과정이라는 고정관념이 없다. 그는 폴리니세스의 시신에 벌어진 일을 전하러 오면서 수차례 발걸음을 머뭇거렸으며, 그 일을 아뢰면 어떤 결과가 일어날지 머릿속에 그려보았다고 말하는데, 크레온이나 안티고네, 심지어 이스메네와 달리 자신이 처한 상황에 대해 있음직한 대안들을 고려하고 있는 그의 우스꽝스러운 망설임은 이 사회에서 유일하게 지각 있는 행동 방식처럼 보인다. 희극적 인물인 사자는 크레온의 의지가 지닌 잔인한 힘을 보여준다. 크레온과 안티고네의 갈등은 상반되는 강력한 의지들의 폭력적 충돌인 반면, 크레온의 불의는 폴리니세스를 매장한 범인을 찾아내지 못하면 파수병들에게 '죽음 이상의 벌'을 내리겠다고 다짐하는 대목에서 가장 명확해진다.

이 부분에서 합창단의 대사는 두 번인데, '신들의 가호로' 새롭게 왕위에 오른 크레온 편을 드는 것 같다. 첫 대사(117-179행)에서는 침략군을 물리치는 장면을 묘사하면서 무엇보다 허세와 교만을 혐오하는 제우스 신의 보살핌 덕

분이라고 암시하지만, 테베의 승리에 바쳐진 이 찬가(讚歌)*
는 은근히 비판적인 칼날을 숨기고 있다. 교만과 교만한 사
람들의 파멸에 초점을 맞춰 간접적으로 우리가 방금 안티
고네에게서 보았고 곧이어 크레온에게서 보게 될 고집을
은근히 논평하는 것. 테베 3부작에서는 크레온이 '그 도시
를 제대로 끌고나가는 막중한 임무'(199행)를 맡았다면서,
반역자 폴리니세스에 대한 포고령을 되풀이하는 첫 연설에
서 교만함이 가장 두드러진다고 볼 수 있다.

　　낙관적인 가락으로 시작했다가 점차 암울해지는 두 번
째 송가는 인간의 '경이로움'을 찬양하지만, '경이로운'의
뜻을 지닌 그리스어 'deinon'은 이미 사자와 크레온이 아무
도 모르게 시신이 매장된 사건을 묘사하면서 두 차례나 '끔
찍한' 또는 '경악할'이란 함의로 사용했다. 합창단이 인간
을 찬양하는 근거는 마음먹은 목표—사나운 겨울 바다 건
너기, 쟁기로 대지를 갈아엎는 일, 그물로 새와 야수와 물고
기들 포획하기, 마소 길들이기, 등—를 모두 이룰 수 있기
때문이다. 그러나 그 요지는 인간이 죽음 이외의 자연은 정
복할 수 있을지 몰라도, '법을 존중하는 분위기와 마음', 정

---

* **찬가**(paean): 그리스 신화. 의술의 신의 이름에서 유래한 노래의 한 형식. 호머의 〈일리
아드〉에서 파이온(Paion/ Paian)은 의술의 신으로 나온다. 고대 그리스 문헌에서는 아
폴론 신이 악을 물리칠 경우에 붙인 별명이었기 때문에 아폴론 신께 바치는 찬가를 의
미하게 되었다. 현대적 의미에서는 환희나 승리의 노래에 해당한다.

의, 공동선을 염두에 두고 그 목표들을 명확히 세우지 않으
면 괴물이 될 수밖에 없다는 것이다.

크레온도 첫 대사에서 정복을 연상시키는 심상을 통해
'나라라는 배'(180행)가 항로를 벗어나지 않도록 유지하는
통치 방식을 묘사하는데, 그 수사(修辭)가 갖는 논리적 문
제는 그 배의 항로 유지가 인생의 궁극적 선이나 목표가 될
수 없음에도 그렇게 생각하는 것 같다는 점이다. 배는 항해
를 위한 항해가 아니라 그 이상의 어떤 목표를 지니고 항해
하는 것이다. 마찬가지로 나라의 안정도, 이를테면, 가족, 신,
사랑하는 사람들을 명예롭게 하는 일과 마찬가지로 다른
인간적 목표를 추구할 수 있도록 해주기 때문에 중요할 수
있는 것이다.

417-700행

테베 근처에는 얼씬도 않겠다며 달아났던 사자가 안티고네를 끌고 오는 모습이 합창단의 눈에 띈다. 그 사자는 합창단에게 안티고네가 폴리니세스의 시신을 매장할 때 '우리가' 붙잡았다며 크레온을 찾는데, 마침 그가 나와 자초지종을 묻는다. 파수병들이 '썩어가는' 폴리니세스의 시신을 파내고 언덕 위에 앉아 지키고 있을 때 갑자기 강풍이 불어 앞을 볼 수 없었다. 그런데 돌풍이 지나가고 먼지가 걷히자 안티고네가 눈에 들어왔다. 그녀가 그들에게 저주를 퍼붓고 시신을 다시 묻기 시작할 때, 파수병들이 붙잡아 심문하자 순순히 죄를 자백하더라는 것이다. 이어진 크레온의 심문에도 안티고네는 당당히 매장을 시인한다. 파수병을 돌려보낸 크레온이 시신 매장을 금한 포고령을 알고 있었는지 묻자, 안티고네는 알고 있었다면서 명을 어긴 것은 사실이지만 신들의 뜻이나 정의가 아니라 정의롭지 못한 인간의 명령을 무시했을 뿐이었다고 쏘아붙인다.

합창단의 지휘자는 안티고네가 아버지 오이디푸스의 성격을 빼닮아 격정적이고 '불행 앞에서도 굽힐 줄을 모른다'고 말한다. 크레온은 법령을 어기고도 오히려 자랑스러워한다며 나무라고, 이스메네도 이 음모에 가담했다며 데려오라고 명한다. 안티고네는 오빠를 법도에 맞게 매장했다고 죽어야 한다면 기꺼이 그 죽음을 영광으로 받아들이겠다고 되받아치고, 테베 시민들 모두가 그녀를 지지하지만 처벌이 두려워 차마 입을 열지 못할 뿐이라고 덧붙인다. 폴리니세스의 매장이 '같은 혈육'인 에테오클레스에게는 모욕이 될 것이란 생각은 하지 않았느냐는 크레온의 물음에는 정치적으로야 어느 편을 들었든 모두 명예롭게 매장될 권리가 있다고 답한다. 크레온은 절대로 여자 말은 듣지 않겠다고 대꾸한다.

왕궁에서 끌려나온 이스메네가 안티고네의 추궁에 죄를 시인하며 언니와 함께 벌을 받겠다고 말한다. 안티고네는 '내 죽음으로 족하다'며 혼자 한 일이니 책임도 혼자 지겠다고 주장한다. 크레온은 두 자매가 미쳤다며, 모두 처형하고 말겠다고 다짐한다. 이스메네는 크레온의 아들이자 안티고네의 약혼자 하이몬에 대한 크레온의 사랑에 호소해 언니의 목숨을 구하려 하지만, 크레온은 아들이 반역자와 결혼하는 것을 본다는 생각만 해도 진저리가 난다면서 근위병들에게 두 자매를 끌고 가 묶어놓으라고 명령한다.

합창단은 다시 한 번 죽음과 슬픔의 수렁에 빠지게 된 오이디푸스 집안의 운명을 탄식하고, 혈연의 유대를 보호하는 신이자 모든 신들의 권위를 합친 것보다 더 위대한 제우스 신께 기도한다.

안티고네와 크레온의 정면 대치는 그들이 지닌 차이점의 본질을 좀더 분명하게 대비시킨다. 안티고네는 크레온이 정의와 제우스 신의 의지를 잘못 해석하고 있다며 비판하는데, 그 평가가 옳을 수도 있으나 결국은 크레온과 마찬가지로 정의와 신들의 의지를 독자적으로 해석할 힘이 있다고 생각한다는 뜻이 된다. 그녀의 비판은 거세고 저돌적인데, 그녀 역시 합창단이 첫 송가에서 비난했던 허세 같은 영광을 잡으려고 하는 것 같다.

그럼에도 불구하고 이 장면에서 관객들의 마음은 안티고네 쪽으로 기우는 듯하다. 두 사람의 언쟁이 시작되기 직전, 사자는 폴리니세스의 시신에 덮힌 흙을 쓸어내는 장면을 생생하고 구역질나게 묘사한다. 썩어가는 시신은 크레온의 명령이 지닌 부당함과 그 명령이 테베에 가져올 파멸의 물리적 증거나 상징 같은 것이다. 시신 부패에 대한 묘사는 안티고네가 크레온에 버금가는 교만으로 법을 무시할 때조차 그 주장에 공감할 수 있도록 해준다. 여기서는 신들의 법과 인간의 법, 즉 '기록되지 않은, 흔들릴 수 없는 위대한 전통들'과 크레온 같은 개별 통치자들의 명령들을 구별한다.(502-503행)

안티고네의 꼿꼿하고 저돌적인 태도를 접한 크레온은 어떻게든 그녀를 길들이겠다고 단언하는데(528-548행), 이 대목에서 그가 사용하는 낱말들은 합창단의 두 번째 송가에 나오는 낱말들과 대응한다. 합창단에 의하면, 비록 길들인다는 말은 인간이 자연에 대해 하는 일이지만, 크레온이 두 번째 송가의 암시대로 '땅의 법과 신의 정의를 엮어' 안티고네를 길들이는 목표를 이룰지는 불분명하다. 포고령을 어겼다며 안티고네와의 혈연을 무시하고 신성모독을 자행하는 크레온에게 혈연은 아무 의미도 없는 것 같다. 심지어 안티고네가 더 가까운 핏줄이라도 가장 비참한 운명을 안겨주었을 것이라면서(543-545행), 이스메네도 함께 처벌하겠다고 독단적으로 결정한다. 이처럼 크레온은 안티고네의 '오만방자함'(536행)에 격분한 나머지 '나라라는 배'를 굳건히 지키겠노라고 다짐하던 말을 들었던 모든 사람이 겁에 질릴 정도로 무분별하게 행동한다.

무엇보다도 크레온을 화나게 만든 일은 감히 여자가 반항한다는 사실이다. 처음에 안티고네와 대면했을 때는 그녀가 '벌을 받지 않고' 넘어가면 '이 계집이 사내가 되는 셈'

이라고 말하고(541행), 이어 안티고네와 이스메네를 처형시키기로 작정한 이후에는 단단히 묶어 '여자답게' 처신하도록 만들라고 지시한다.(652-653행) 크레온이 보기에 안티고네는 시민이자 인간으로서의 본분이 갖는 한계를 벗어났던 것이다. 그러나 안티고네는 그 같은 세속적 본분에는 전혀 관심이 없고, 신들의 눈으로 올바르다고 믿는 행동을 위해서는 죽음도 불사할 각오다.

안티고네의 포고령 위반과 체포를 계기로 다시 오이디푸스 집안에 닥친 불운을 애도하는 세 번째 송가는 이전의 두 송가보다 더 비관적이다. 한 집안에 저주가 내리면 끝없이 이어지게 되고, 누구도 불행과 참화의 양식을 되돌릴 수 없다는 유명한 결론을 내리는 것. 합창단에 따르면, 권력은 신들과 제우스 신의 손에 있다. 인간이 겉으로는 신통하고 경이로운 것 같아도 오이디푸스 집안의 비참한 운명에서 드러나듯 실제로는 아무 힘이 없다는 것을 보여줌으로써 두 번째 송가에서 제시되었던 관념을 좀더 분명히 밝히는 세 번째 송가는 재난과 환란은 야금야금 사람의 마음을 차지하는 '거짓말'의 형식으로 다가온다는 경고로 끝난다. 인간은 모든 일을 잘못 판단해 재난을 자초하는 상황으로 빠져들 수 있다는 것. 어쨌든 관객들은 파국적 사건이 벌어진 이후에야 눈치 채지만, 이 송가에 담긴 충고는 은연중에 크레온을 겨냥하고 있는 것 같다는 느낌이 든다.

701-1090행

만약 어쩔 수 없이 권좌에서 내려와야 한다면,
사내 손에 끌려 내려오는 편이 낫다.
결단코 여자보다 못하다는 소리는 듣지 말거라. 결단코!

합창단은 하이몬이 등장하는 모습을 보고 그가 안티고네의 체포를 어떻게 생각하는지, 왜 아버지를 찾아오는지 의아해한다. 크레온이 아들에게 안티고네 일 때문에 화가 나지는 않았는지, 그리고 아버지의 정을 내세우며 무슨 일을 하든 이해해 주겠는지 묻자, 하이몬은 아무리 여자가 소중한들 아버지만 할 수는 없다며 아버지 뜻을 따르겠다고 대답한다. 감동한 크레온이 아들의 지혜로움을 가상히 여길 때, 하이몬은 안티고네가 가장 고귀해 보이는 행위를 했는데도 그토록 참혹한 벌을 받는 것은 지나치다는 소문이 은밀하게 떠돌고 있다면서, '자기만 옳다는 생각'을 버리고 옳은 말을 하는 사람에게서 배우는 것은 수치가 아니라 좋은 일이라고 덧붙인다. 모욕감을 느낀 크레온이 '이 나라를 다른 사람의 뜻에 따라 다스려야 하느냐'며 절대적 권위를 내세우자, 하이몬은 '한 사람에 속하는 나라는 나라가 아니다'며 항변한다. 노발대발한 크레온이 '계집의 노예에 지나지 않는 놈'이라고 호통을 치자, 하이몬은 만약 안티고네를 죽인다면 또 한 사람을 죽게 만드는 것이라고 암시한다. 크레온이 안티고네를 끌어내 약혼자 앞에서 처형하라고 명하자, 하이몬은 더 이상 '저를 보지 못할 것'이라며 뛰쳐나간다. 크레온은 '죄 없는' 이스메네는 살려주겠지만 안티고네는 산 채로 묘에 가둬 살아도 산 목숨이 아니도록 만들겠다고 다짐한다.

크레온이 왕궁으로 돌아간 후, 합창단은 "사랑이란 어떤 싸움에서도 지지 않고, 재물을 말아먹고, 신이든 인간이든 미치게 만들 수 있다"고 노래하고, 다시는 나오지 못할 묘로 끌려가는 안티고네를 보고 안타까워한다. 안티고네는 합창단 원로들에게 자신의 죽음은 고귀할 것이라고 말하지만, 합창단은 그 고결함을 교만으로 간주하고 '어쩌면 아버지의 죗값을 치르고 있는 것인지 모른다'고 말하자 거세게 항의하고 자신과 집안에 내려진 숙명을 한탄한다.

왕궁에서 나온 크레온이 그 광경을 보고 근위병들에게 빨리 묘로 데려가라고 명령한다. 안티고네는 만약 방치된 시신이 다시 얻을 수 있는 남편이나 자식들이었다면 결코 왕명을 거역하지 않았을 테지만, 어머니와 아버지께서 돌아가신 마당에 다시는 생길 수 없는 오빠를 위해서라면 기꺼이 벌을 받겠다면서도 신의 뜻을 받들었다고 처벌하는 겁쟁이들이 테베를 다스린다고 소리친다. 안티고네는 묘로 끌려가고, 합창단은 안티고네와 같은 운명에 처했던 신화적 인물들에 대한 송가를 부른다.

합창단과 크레온은 이 대목의 주제인 에로스, 즉 애욕적 사랑의 힘을 알고 있기 때문에 하이몬이 아버지에게 반항할 것을 예상한다. 안티고네를 가둬 죽이겠다는 아버지의 결정에 격분한 나머지 은연중에 자살을 암시하는 점이나 사랑에 관한 송가에 비춰보면 그는 사실상 사랑에 사로잡혀 있는 듯하지만, 항의 내용은 조목조목 합리적이다. '이성'은 신들의 선물이라면서, 1인 천하 같은 것은 존재할 수 없으니 얼마간 양보하고 남의 말에 귀를 기울이라고 주의를 환기시키고, 인간이라면 누구나 실수할 수 있는 법이라고 덧붙이는 것. 합창단의 지휘자는 크레온과 하이몬에게 서로의 말을 차분히 들어보라고 충고하지만, 크레온은 독재자라는 사실을 수긍하면서도 훈계를 받아들이려 하지 않는다. 하이몬과 합창단이 크레온의 폭정에 대해 제기하는 논거는 민주주의적 기상을 지닌 아테네 관객들에게는 호소력을 발휘했을 것이다.

사랑의 찬가는 어쩌면 하이몬과 크레온이 사실은 실질적인 이유나 올바른 판단에 따르지 않고, 둘 중 한 사람이나 두 사람 모두가 맹목적인 열정에 사로잡혀 있을지 모른다는 것을 암시한다. 앞에서 인간은 겸손해야 한다는 주제를 전개했던 합창단은 이제 더 나아가 사랑을 어느 누구도 이길 수 없는 힘으로 규정하고, 나중에는 산 채로 무덤에 갇혔던 다나에*와 여타 신화적인 인물들을 묘사하면서 그들에게 발생한 일들을 우리가 운명을 통제하지 못한다는 의미에서 우리 모두를 덫에 빠트리는 숙명의 은유로 이용한다.

사랑은 크레온이 인간의 삶에서 최고선은 나라의 안녕이라고 주장할 때 간과한 좀더 중요한 선들 가운데 하나이며, 나라는 시민들이 사랑을 추구할 수 있도록 해주기 위해 존재한다. 크레온은 하이몬의 의지는 통치자인 자기의 의지에 종속되어야 하기 때문에 옳든 그르든 복종해야 한나고 주장하고, 나아가 나라의 적인 안티고네에게 매혹되어서도 안 된다고 억지를 부린다.

이 극시 전체에서 크레온은 윤리적 갈등이 생긴다거나 윤리적 결정을 내릴 때는 심사숙고해야 할 때도 있다는 것

---

* **다나에**(Danae): 그리스 신화. 아르고스의 왕 아크리시오스의 딸. 왕은 외손자에 의해 죽는다는 신탁을 받고 그녀를 지하에 가두고 사내들의 접근을 막았으나 제우스가 황금 빗물로 변신하고 침투해서 수태시켜 아들 페르세우스를 낳게 된다.

을 부인하고, 스스로를 거짓말쟁이로 만드는 짓은 하지 않겠노라고 고집을 부리며, 안티고네가 제우스 신께 바치는 찬가들까지 비웃으면서 신성모독을 저지른다.

안티고네의 마지막 대사는 쉽게 이해되지 않는다. 남편과 자식을 위해서라면 왕명을 어기고 시련을 자초하지 않았을 테지만 오빠를 위해서는 기꺼이 죽음도 불사하겠다면서 남편과 자식은 다시 맞을 수 있어도 오빠는 부모를 여의었기 때문에 다시 생길 수 없다는 논리를 내세우는데, 명심해야 할 사실은 이미 죽어버린 오빠를 위해 목숨을 바치려고 한다는 점이다. 그녀의 당혹스런 마지막 대사는 그녀의 가치판단이 왜곡되었다는 것을 암시할 수도 있다.

1091-1470행

한 소년의 손에 이끌려 눈먼 예언자 티레시아스가 등장한다. 전에도 티레시아스의 충고를 통해 도움을 받았다는 크레온은 어떤 충고든 따르겠다고 맹세한다. 티레시아스는 폴리니세스의 시신 매장을 금하고 그 명을 어겼다는 죄목으로 안티고네를 처벌한다면 테베에 신들의 저주가 내릴 것이라고 경고한다. 크레온이 쓸데없는 충고와 말재간을 부리는 못된 예언자라면서 예언자들이란 모두 돈에 굶주린 족속이라고 비아냥대자, 늙은 예언자는 '지하의 신들께 속하는 시신은 지상의 신들과 인간에게는 권한이 없으며 매장도 하지 않고 시신을 욕보이면 똑같은 재앙을 당할 것'이라는 말을 남긴 채 소년의 손을 잡고 퇴장한다.

합창단이 티레시아스는 거짓말을 한 적이 없다며 예언에 겁을 먹자, 크레온도 충격을 받았다며 시민들이 시키는 대로 하겠다면서 안티고네의 석방과 폴리니세스의 매장 요구를 마지못해 수락하고는 안티고네를 직접 풀어주기 위해 퇴장한다. 합창단은 디오니소스 신에게 테베를 보호해 달라고 기도한다.

사자(使者)가 나와 전에는 '내가' 부러워했던 '크레온 님께서' 모든 것을 잃었다면서 합창단에게 무대 밖에서 벌어진 끔찍한 사건을 전한다. 하이몬이 자살했다는 것이다. 퇴장하던 사자는 에우리디케가 왕궁에서 나와 무슨 일이 있었는지 말하라고 추궁하자, 하이몬이 자살한 정황을 좀 더 자세히 들려준다. 폴리니세스의 장례를 마친 크레온 일행이 비명소리를 듣고 안티고네가 갇힌 묘로 들어가 보니 하이몬이 목을 맨 그녀의 시신을 붙잡고 실성한 듯 울부짖고 있었다. 하이몬은 만류하는 아버지를 무서운 눈초리로 노려보다가 칼을 뽑아 덤벼들었으나 빗나가자 자기 가슴을 찌르고는 안티고네에게 피를 쏟으며 죽어갔다는 것.

에우리디케가 왕궁으로 달려 들어가고, 이어 안에서 무슨 일이 있는지 알아보아야겠다며 사자가 뒤따라간다.

크레온이 아들의 시신을 안고 나와 자신의 어리석음과 독단을 뉘우치며 통곡할 때, 사자가 에우리디케의 자살 소식을 전한다. 크레온이 울부짖는 가운데 그녀의 시신이 왕궁에서 운반되어 나온다. 사자는 에우리디케가 자살 직전에 남편의 교만 때문에 불행이 닥쳤다며 그를 원망했다고 말한다. 크레온은 무릎을 꿇고 자기도 죽여 달라고 기도한다. 근위병들이 그를 왕궁으로 데려간다.

합창단은 지혜는 최고의 행복이며, 신들에 대한 경의는 침범하면 안 되며, 교만한 자들은 반드시 신들의 손에 몰락한다는 마지막 송가를 부른다.

이 작품에서 크레온은 일관되게 병들고 비틀어진 마음보다 '건강한' 분별력이 중요하다고 역설하지만, 티레시아스는 정작 크레온에게 결여된 것이 바로 그 분별력이라고 지적한다. 즉 병들고 비틀어진 마음만 지니고 있다는 것. 크레온에게 아내와 아들의 죽음이라는 파국이 벌어졌을 때, 사자는 인간을 괴롭히는 최악의 질병이 분별력 결여라는 교훈을 꼬집어 지적한다(1373행). 만약 인간의 한계와 피할 수 없는 신들의 의지를 감안한다면, 도대체 인간의 건전한 분별력은 무슨 소용이 있을까? 지혜와 분별력을 갖는다는 것은 인간적 한계를 인정하고 실제로 신들의 분노를 사지 않도록 경건하게 행동하는 것을 의미한다는 설명이 최상의 대답일지 모른다.

인간은 운명, 신들, 인간적 지성의 한계를 겸손하고 경건한 태도로 받아들여야 한다. 크레온은 이 작품의 마지막 부분에서 죽음을 조롱했던 지금까지와는 달리 '죽음'을 경건하게 입에 올리면서 마침내 이 교훈을 체득한 면모를 보

인다.(1413-1419행)

안티고네에게도 비난받을 만한 교만과 명예욕이 있다고는 해도, 크레온의 허물에 비하면 심각하지 않다. 안티고네의 허물은 어느 누구에게도 해를 끼치지 않는 반면, 크레온의 잘못은 도시 전체에 악영향을 끼치기 때문이다.

우리는 티레시아스로부터 크레온의 전사자 처리 방식에 분노한 상대편이 테베를 공격하기 위해 새로운 군대를 구성하고 있다는 것을 알게 된다.(1201-1205행) 그리고 무엇보다 중요한 점은 크레온의 시신 매장 금지령은 안티고네의 포고령 불복보다 더욱 심각하게 인간의 가치를 모욕한다는 사실이다. 크레온은 이 작품의 도입부에서 매장되지 못하고 짐승들의 밥이 되도록 방치된 폴리니세스의 시신을 보고 역겹다고 말하면서도(231행) 자기 자신의 말에 내포된 뜻을 분명하게 이해하지 못한다. 안티고네는 특정한 경우에 특정한 지배자가 만든 법, 그 지배자가 달리 만들 수도 있었던 법을 어기는 반면, 크레온은 하나의 불문법, 하나의 문화적 관습을 어기고 있는 것이다.

합창단의 마지막 대사는 이 작품에서 다뤄진 사건들로부터 얻을 수 있는 교훈들, 즉 지혜는 좋고, 신들은 마땅히 경배해야 하며, 교만은 나쁘고, 숙명은 피할 수 없다는 교훈을 간략하게 언급한다.(1466-1470행) 숙명이라는 처벌의 채찍질이 인간에게 지혜를 가르쳐줄 것이란 합창단의 주장은, 자기 죄를 깨달은 크레온의 '지혜'는 오이디푸스처럼 더 많은 고통을 안겨주었을 뿐이란 말을 들어보면 납득하기 어렵다. 그리고 하이몬, 안티고네, 에우리디케는 죽어버렸으니 이제 더 배울 수도 없다. 합창단은 관객들처럼 폭력 속에서 목적을 찾으려고 애를 쓴다. 비록 찾아낼 목적이 있는지는 명확하지 않아도.

〈오이디푸스 왕〉
1-337행

왕궁에서 나온 오이디푸스는 슬픔에 잠긴 테베 시민들에게 둘러싸인 사제들을 만난다. 시민들 손에는 신들에게 봉헌할 양털 감긴 나뭇가지들이 들려 있다. 테베에 역병이 돌아 많은 시민들이 죽어가지만, 퇴치 방안을 아는 사람이 없다. 오이디푸스가 한 사제에게 시민들이 왕궁 주위에 모여 있는 까닭을 묻자, 테베가 죽어가고 있으니 왕께서 구해 달라고 청한다. 오이디푸스는 테베의 끔찍한 운명을 알고 있으며 그 누구보다도 애통하다면서, 이미 처남이자 공동 통치자 크레온을 델포이 신전의 무녀에게 보내 퇴치 방안을 알아오게 조치했다고 말하는 순간, 때마침 크레온이 당도하자 무녀의 예언에 대해 묻는다. '좋은 소식'을 가져왔다며 궁으로 들어가서 은밀하게 듣지 않겠느냐는 크레온의 말에 오이디푸스는 모든 시민 앞에서 소식을 전하라고 재촉한다. 크레온은 아폴론 신이 무녀의 입을 통해 가르쳐준 신탁 내용을 보고한다. 오이디푸스 이전에 테베를 다스린 라이우스 왕의 살인자가 테베에 있으니 반드시 잡아서 벌을 주어야 역병이 끝난다는 것.

라이우스 왕과 시종 일행은 무녀에게 신탁을 받으러 가던 길에 도적떼를 만나 살해되고 단 한 명만 목숨을 구했다는 크레온의 말에 오이디푸스가 테베 시민들이 살인자들을 색출하려고 애쓰지 않은 까닭을 묻자, 그 당시 테베는 훨씬 더 시급한 스핑크스의 저주에 시달리고 있었다는 답이 돌아온다. 오이디푸스는 라이우스 왕의 죽음에 얽힌 내막을 밝혀내겠다고 다짐한다.

합창단이 나와 아폴론 신, 아테나* 여신, 아르테미스** 여신에게 테베를 구해 달라고 기원한다. 아직 라이우스의 살해범에 대한 소식을 듣지 못한 것이 분명한 합창단은 테베의 상황을 탄식하다가 결국 테베 여인의 몸에서 태어난 디오니소스 신에게 간구한다.

돌아와 합창단에게 직접 역병을 끝내겠다고 장담한 오이디푸스는 살인 사건의 목격자나 도움을 얻을 만한 사람이 있는지 묻고, 신고자에게는 상을 내릴 것이며 살인범이 자수하면 추방으로 처벌을 대신하겠다고 약속하지만 아무

---

* **아테나**(Athena): 그리스 신화. 전쟁·지혜·공예의 여신. 제우스와 메티스의 딸이며, 아테네의 수호신. 로마 신화의 미네르바(Minerva).

** **아르테미스**(Artemis): 그리스 신화. 산야·수렵의 여신. 제우스와 레토의 딸이며, 아폴론과는 쌍둥이 남매. 순결의 상징이자 처녀의 수호신. 로마 신화의 디아나(Diana).

런 반응이 없자, 그 살인범과 은신처를 제공하는 자에게 지독한 저주를 퍼붓고, 설령 그 범인이 '내' 가족일지라도 똑같은 형벌을 받을 것이라고 선언함으로써 자신을 저주하게 된다. 이어 왕의 살해범을 그토록 오랫동안 색출하지 못한 테베 시민들을 책망하자, 합창단 지휘자는 위대한 예언자 티레시아스를 불러 자문을 구하라고 제안한다. 오이디푸스는 벌써 사람을 보냈노라고 대꾸한다.

오이디푸스는 자비로우면서 정의감이 투철하고, 판단과 행동은 신속하고, 매사에 공정하기로 유명하다. 도입부에서부터 시민이나 지도자에게서 바랄 수 있는 가장 이상적인 모범으로 묘사되는 그는 시민의 어려움을 하소연하러 온 늙은 사제와의 첫 대사에서 시민의 건강과 안녕을 염려하고, 예언을 혼자 듣는 것이 좋지 않겠느냐는 크레온의 암시에도 모든 시민이 함께 들어야 한다고 주장하며, 왕의 살해에 대한 조사가 졸속이었다는 사실에 놀라움과 실망을 표시한다.(145-147행) 이어 재빨리 시민의 고통과 라이우스의 살해 사건을 한꺼번에 해결하려는 계획을 세우고, 미리 델포이에 크레온을 파견하는가 하면 티레시아스를 데려오게 하고, 마침내 살해범이 오이디푸스 자신과 가까운 사람이더라도 똑같이 저주하겠다고 힘주어 약속한다.

관객들은 이미 오이디푸스 설화를 잘 알았을 것이고, 따라서 오이디푸스가 첫 장면에서 발산하는 위대한 풍모는 몰락을 암시하는 비극적 전조라고 해석했을 것이다. 소포클레스는 이처럼 얄궂은 극적 상황을 하나도 놓치지 않고 활용했다. 오이디푸스가 눈이 멀쩡한 상태와 실명 상태를 암시하면서 극적으로 얄궂은 상황을 많이 만들어낼 수 있는 것은 관객들이 그가 은유적 실명 상태에 빠져 과거와 현재 사이의 관계를 보지 못해서 파멸한다는 것을 알고 있기 때문이다. 예컨대, 늙은 사제가 테베 사람들이 역병 때문에 죽어가고 있다고 말하자, 자기가 그것을 보지 못할 사람은 아니라면서(68-72행) 진실을 밝혀내려고 애쓰는 것. 비록 오이디푸스는 숙명의 꼭두각시처럼 보이지만, 때로는 얄궂은 상황이 너무 확대되는 나머지 마치 자진해서 파멸을 자초하는 듯한 모습이다. 이처럼 얄궂은 사례들 가운데 하나는 오이디푸스가 자기는 선왕의 '침상'을 차지했으며, 만약 라이우스가 살해되지 않았다면 혼인을 통해 서로 '인척관계'가 되었을지 모른다고 당당하게—그러나 관객으로서는 고통스럽게—선포하는 부분이다.(294-300행)

비록 합창단은 첫 번째 송가(168-244행)에서 경건한 태도로 신들에게 테베를 역병으로부터 구해 달라고 기원하지만, 그 기도에 대한 응답은 인간적인 형태로 나타난다. 송가가 끝나자마자 오이디푸스가 나와 그 기도에 답해 주겠다고 말하는 것. 인간사에 아주 유능한 오이디푸스는 실제로 〈안티고네〉에서의 크레온처럼 실질적인 신성모독은 범하지 않지만, 잠시 신의 역할을 떠맡으면서 신들을 거의 무시하는 듯한 지경에 이른다. 이 같은 위험한 교만은 나중에 스스로 눈을 찌르는 상황을 설명해 주고, 어느 정도는 그의 몰락을 당연시하게 해준다.

338-706행

오이디푸스가 한 소년의 손에 이끌려 등장한 티레시아스에게 라이우스의 살인범을 가르쳐달라고 정중하게 청하자, '그대와 나를' 괴롭히지 않기 위해 진실은 알고 있으되 밝히고 싶지 않다는 대답이 돌아온다. 처음에는 무슨 뜻인지 몰라 어리둥절하던 오이디푸스는 이내 버럭 화를 내면서 알고 있는 사실을 테베 사람들에게 숨김없이 털어놓으라고 다그친다. 모욕에 발끈한 티레시아스가 피살 사건과 관련된 사실을 암시하기 시작하지만 미적거리자 격분한 오이디푸스는 살인범이 티레시아스라고 몰아붙인다. 티레시아스도 지지 않고 오이디푸스가 테베에 역병이 돌게 만든 장본인이자 살인범이라고 털어놓는다. 오이디푸스가 한 치 앞도 내다보지 못하면서 남의 일에 간섭한다고 모욕하자, 티레시아스는 그 모욕은 결국 모든 테베 시민들에 의해 오이디푸스에게로 향할 것이라고 대꾸한다. 격분한 오이디푸스는 크레온과 티레시아스가 짜고 왕을 쫓아내기 위해 수

작을 부리고 있다며 억지를 부린다.

합창단의 지휘자가 오이디푸스를 진정시키려 하지만, 티레시아스는 오이디푸스가 '가장 가까운 핏줄과 가장 가까운 인연을 맺고 살면서도 어떤 불행에 빠져 있는지 보지 못한다'는 말로 속을 뒤집어놓는다. 당황한 오이디푸스가 자기 부모에 관한 진실을 밝히라고 다그치자, 티레시아스는 라이우스의 살인범이 '자식들에게는 형이고 오빠이자 아버지이며, 어머니에게는 아들이자 남편'이라는 수수께끼 같은 말을 한다. 모두 퇴장하고 합창단만 무대에 남아 누구의 말을 믿어야 할지 몰라 어리둥절하다가 증거가 나타날 때까지는 오이디푸스에 관한 이야기를 믿지 않기로 한다.

크레온에 이어 오이디푸스가 등장한다. 티레시아스를 불러 라이우스의 살해에 관해 물어보라고 권했던 인물이 크레온이란 생각이 떠오른 오이디푸스가 '나를' 왕좌에서 쫓아내기 위해 역모를 꾀한 것이 아니냐며 크레온을 죽이고 싶다고 말한다. 크레온과 합창단 지휘자는 크레온과 티레시아스에 대한 오이디푸스의 비방이 근거 없는 이야기라고 납득시키려 하지만 오이디푸스는 고집을 부리며 분을 삭이지 못한다.

: 풀어보기

〈안티고네〉에서와 마찬가지로 티레시아스의 등장은 이 작품의 줄거리에서도 중대한 전환점의 전조가 되지만, 여기서는 한 가지 역할이 더 주어진다. 즉 그의 실명 상태가 이 작품을 지배하는 얄궂은 극적 상태를 한층 더 강화하는 것. 티레시아스는 눈이 멀었지만 진리를 볼 수 있는 반면, 오이디푸스는 멀쩡한 눈으로도 진실을 보지 못한다. 티레시아스는 진실을 알면 고통스러울 뿐이라고 말하고, 오이디푸스는 진실을 알고 싶다고 주장한다.

이밖에도 두 사람 사이의 대화에는 시력과 눈에 관한 언급이 풍부하다. 점점 더 이성을 잃고 흥분하는 오이디푸스가 티레시아스의 눈이 멀었다며 조롱하는 모습은 육신의 시력과 직관력 또는 지식을 혼동하는 것이다. 티레시아스도 질세라 오이디푸스가 앞을 볼 수 있고 스핑크스의 수수께끼를 풀 정도로 영리하다고는 해도 그 자질들이 진리를 보는 일에는 아무 도움도 되지 않는다고 조롱한다.

이 부분에서부터 오이디푸스의 생각, 말, 행동의 특징이던 민첩성이 그에게 불리하게 작용하기 시작한다. 340행에서는 티레시아스가 당도하자 수많은 위기로부터 테베를 지켜준 '전능한 예언자'라고 찬양하다가, 채 40행도 지나지 않아 '인간쓰레기'라고 모욕하고 반역 혐의를 뒤집어씌우는데, 이처럼 어떤 상황을 가늠하고, 판단하고, 행동에 옮기는 신속성은 이 작품의 첫 대목에서는 칭송의 대상이었지만,

여기서는 터무니없을 정도로 과장된다. 오이디푸스는 티레시아스와 크레온에게 아주 많은 질문—그의 연설이 취하는 전형적인 방식이자 흔히 그의 민첩하고 지적인 정신을 보여주는 표시—을 던지지만, 대답을 듣기보다는 비난과 추정을 위한 것이기 때문에 단순한 말장난에 불과하다. 티레시아스는 숨김없이 진실을 펼쳐놓고 있으나 정작 오이디푸스는 그 말을 오직 공격으로만 해석할 수 있을 뿐이고, 진실을 알고자 하는 노력은 이미 예단한 내용을 확인하려는 시도에 지나지 않는 것이다.

이 부분에서 겁에 질리고 무기력해 보이는 합창단의 연설(526-572행)은 불확실성과 불안으로 가득하다. 오이디푸스처럼 티레시아스의 예언을 믿을 수 없지만, 오이디푸스가 스스로 누구도 건드릴 수 없는 존재라고 여기는 것과 달리, 역병에 시달리는 선량한 테베 시민들로 구성된 합창단은 스스로 누구도 건드릴 수 없는 존재라고 믿지 못하는 것이다. 그 연설에는 어둠을 암시하는 동굴, 어둠, 번개, 날개, 그리고 특히 하늘로부터 내리꽂히는 미지의 공포와 관련된 심상들이 가득하다. 합창단이 신들의 자비를 간구하는 기도들(168-244행)은 이미 오래 전에 끝났다. 그 신들은 이 연설에서도 존재하지만, 밝히지 않을 진실을 알고 있는 것이기 때문에 아무 도움도 되지 않는다. 테베는 하늘의 보살핌은커녕 위협을 받고 있는 것.

707-1007행

요카스타가 나와 크레온을 죽이거나 추방하지 말라고 설득하지만, 오이디푸스는 선뜻 수긍하지 못하고 크레온의 유죄를 확신한다. 크레온이 퇴장한다. 합창단은 오이디푸스에게 언제까지나 충성을 바치겠다고 다짐한다. 오이디푸스는 요카스타에게 티레시아스가 '나를' 라이우스의 살해범으로 지목했다고 설명한다. 요카스타는 예언자들의 말이 항상 맞는 것은 아니라며, 델포이 무녀의 예언에 얽힌 이야기를 들려준다. 무녀는 라이우스가 아들에게 살해될 것이라고 예언했으나 그 아들은 태어나자마자 산 속에 버려졌고, 라이우스는 노상에서 도적떼에게 목숨을 잃었다. 따라서 라이우스는 아들에게 살해된 것이 아니기 때문에 예언을 틀렸다는 것. 그러나 그 상황이 낯설지 않은 오이디푸스는 좀 더 자세한 이야기를 들려달라고 청한다.

라이우스의 살해 시점이 오이디푸스의 테베 도착 직전이었고 범행 장소가 테베로 들어오는 길목의 삼거리였다는 말에 깜짝 놀란 오이디푸스가 자신과 관련된 예언을 들려준다. 오래 전, 코린트 왕자 시절에 어느 연회에서 '내가' 왕과 왕비의 아들이 아니란 말을 듣고 부모가 누군지 알아보기 위해 델포이의 무녀에게 갔으나 부모에 대해서는 알려주지 않고 '내가' '아비를 죽이고 어미와 동침할 것'이란 이야기를 해주었다. 왕과 왕비를 부모로 믿었던 '나는' 예언이 실현될 것이 두려워 왕궁을 떠나 세상을 떠돌다가 테베로 이어지는 길목의 삼거리에서 한 무리의 여행자들과 시비가 붙어 뜻하지 않게 모두 죽이고 말았다. 그런데 공교롭게도 그곳이 바로 라이우스가 살해된 삼거리였다는 것.

살해된 일행 가운데 라이우스가 없었다는 사실을 확인하고픈 오이디푸스는 당시에 유일하게 목숨을 건진 양치기를 찾아오도록 사람을 보낸다. 오이디푸스와 요카스타가 퇴장한다. 합창단이 나와 세상은 운명에 의해 지배된다고 말하고, 신들의 뜻을 거역하려 드는 교만한 인간들을 비난하는 동시에 만약 모든 예언과 신탁이 틀린다면—만약 교만한 인간이 사실상 승리할 수 있다면—신들이 세상을 지배하지 않는 것인지도 모른다고 걱정한다. 왕궁에서 나온 요카스타가 양털로 감싼 나뭇가지를 아폴론 신께 바친다.

: 풀어보기

우리는 두 번째 대목에서 오이디푸스가 벌이는 소동을 보며 동정심을 버렸을지 몰라도 세 번째 대목에서는 다시 최소한 일부나마 동정심을 갖게 된다. 요카스타의 중재로 크레온과의 갈등을 잠시 접은 그는 흥분을 가라앉히고 테베의 통치자로서 풀어야 할 수수께끼가 있다는 사실을 떠올린다. 결과적으로 그의 집요한 질문들은 티레시아스나 크레온과의 대화에서 던진 질문들보다 훨씬 뚜렷한 목적이 있다. 우리는 오이디푸스가 진실의 실체를 전혀 짐작하지 못한 채 논리적이면서도 진지하게 진실을 알아내려고 노력하는 모습을 보게 된다. 삼거리에서 벌어진 사건의 내막을 알게 되자(805-822행), 시민들에게 모든 것을 밝히고 '나도' 남들에게 부과한 법률들을 똑같이 지키겠다는 바람을 표현하는 모습은 이 작품의 첫 장면에서 '나는' 그저 갈채나 노리는 연기는 하지 않겠다던 말을 증명한다. 연설(848-923행)을 통해 자기가 라이우스를 죽였다고 생각하면서, 그 행위에 대한 책임과 처벌을 감수하겠다는 자세를 보여주는 것. 이 대사는 그가 이제 겨우 절반의 진실에 도달한 것에 불과하다는 사실을 알고 있는 관객들이 보기에는 안타깝기 짝이 없다.

이 부분에서 오이디푸스에게 예언이 반드시 이뤄지는 것은 아니라며, 라이우스가 아들에게 살해될 것이란 신탁이 틀렸다는 사실을 증거로 제시하는 요카스타는 신중하지 못하고 모성적인 인물이다. 그녀의 실수는 앞 대목에서 오이디푸스가 저질렀던 실수와 비슷하다. 즉 결론들과 증거를 혼동하고 있는 것. 오이디푸스가 티레시아스의 괘씸한 주장들이 역심(逆心)의 표출일 수 있다고 추정하듯, 요카스타도 한 가지 예언이 외견상 실현되지 않았다고 해서 예언들이 틀릴 수도 있다고 추측하는 것이다. 앞에서 오이디푸스가 내세웠던 성급하고도 불완전한 논리는 교만과 깊은 연관이 있지만, 요카스타의 그것은 오이디푸스를 진정시키고 모성애로 보살펴주고픈 부지중의 욕구와 밀착되어 있다.

오이디푸스의 질문들에는 답하지 않고 왕궁으로 들어가자면서 앞으로는 걱정할 일이 없다고 말하는 요코스타의 태평한 태도는 오이디푸스에게 충성을 서약하는 합창단을 불안하게 만든다.(761-767행 참고) 그들의 송가(954-997행)는 오이디푸스, 요카스타, 또는 동정적인 관객에게 긴장을 늦추면 안 된다고 주의를 환기시키는 역할을 하는데, 신탁에는 어떤 목적이 있게 마련이고 사람들의 운명을 관장하는 신들의 뜻이 들어 있기 때문이다. 이 작품에서 내내 합창단은 걱정과 근심에 빠져 있으며, 역병이 끝나고 테베에 안정이 회복되기를 간절히 바라면서도 티레시아스의 예언들이 실현될 것이란 믿음에 집요하게 매달린다. 만약 예언들이 이뤄지지 않는다면, 이 세상이나 천상에는 질서가 없는 것이기 때문이다.

1008-1310행

당신 어머니와 결혼한다는 것에 대해서도—
두려워하지 마세요. 당신 말고도 많은 사내들이
꿈속에서 어머니와 동침했으니까요.
그 따위 일에는 전혀 마음 쓰지 마시고—
살아가세요, 오이디푸스시여, 마치 내일이 없는 듯이!

: 줄거리

사자(使者)가 들어와 오이디푸스를 찾다가 요카스타를 만나자 테베의 왕 오이디푸스에게 슬프면서도 기쁜 소식을 전하러 왔노라며, 코린트의 폴리부스 왕이 노환으로 세상을 떠났고, 코린트 사람들이 오이디푸스가 돌아와 왕위를 계승해 주었으면 한다는 소식을 전한다. 요카스타는 폴리부스 왕이 자연사했으니 오이디푸스가 아버지를 살해한다는 예언이 틀렸다고 반색하며 그 소식을 전하려고 오이디푸스에게 사람을 보낸다. 오이디푸스와 요카스타는 사자의 이야기를 나누며 기뻐하고, 예언이란 믿을 것이 못되고 세상은 우연에 의해 지배된다면서 안도의 한숨을 내쉰다. 그럼에도 불구하고 코린트의 왕과 왕비를 부모로 믿고 있는 오이디푸스는 아직 어머니 메로페 왕비와 동침한다는 예언이 남아 있기 때문에 불안한 마음을 떨치지 못한다.

사자는 폴리부스 왕과 메로페 왕비가 사실은 오이디푸스의 친부모가 아니기 때문에 그런 걱정은 하지 않아도 된다며, 양을 치던 젊은 시절에 겪었던 이야기를 들려준다. 어느 날, 테베 인근의 키타에론 산에서 양을 치다가 구멍 뚫린 두 발목이 가죽 끈으로 묶인 갓난아기를 데려왔는데 그 아기가 오이디푸스였고, 그 발목의 상처 때문에 걸을 때 절룩거린다는 것이다.

오이디푸스가 갓난아기를 깊은 산 속에 내다버린 사람이 누구냐고 추궁하자, 사자는 사실은 아기를 주운 것이 아니라 라이우스 왕의 하인이었던 다른 양치기에게서 건네받았다고 대답한다. 오이디푸스가 그 사람을 수소문하라고 재촉하자, 그 사람은 라이우스의 일행 가운데 유일한 생존자이고 그에 관해서는 요카스타가 제일 잘 알 것이란 합창단의 말에 요카스타가 깜짝 놀란다.

요카스타는 오이디푸스에게 '자신의 목숨을 귀하게 여기신다면' 더 이상 파고들지 말라며 절규하고 애원하지만 소용이 없자, 끔찍한 결과를 예감한 듯 부리나케 왕궁으로 돌아간다. 합창단은 '부인'의 간절한 만류가 재앙의 징조일지 모른다고 두려워하지만, 오이디푸스는 다른 여자들이나 마찬가지로 자존심이 강해서 '나의 비천한 출생'이 밝혀지면 부끄러워 그런 것이라며 대수롭지 않게 넘기고, 합창단과 함께 조만간 친부모를 알게 된다는 기대에 부푼다.

라이우스의 살해 현장을 목격한 양치기가 등장한다. 사자는 갓 태어난 오이디푸스를 넘겨주었던 그를 알아본다. 오이디푸스가 그 양치기에게 아기를 건넨 사람이 누군지 묻자, 묵묵부답이던 그는 끈질긴 추궁과 위협에 못 이겨 라이우스의 집에서 나왔다고 실토한다. 이어 질문이 계속되자, 그 아기는 라이우스의 아들이었는데 부모를 죽인다는 사악한 예언을 듣고 겁을 집어먹은 요카스타가 죽여 없애라며 주었지만 차마 죽일 수 없어 코린트의 양치기가 자기 나라로 데려갈 것으로 생각하고 넘겼다는 답이 돌아온다. 오이디푸스는 '모든 것이 이루어졌고 모든 것이 사실이었다'고 탄식하며 왕궁으로 들어간다. 두 양치기가 천천히 퇴장한다.

: 풀어보기

소포클레스는 오이디푸스와 요카스타가 폴리부스 왕의 죽음을 알게 되는 장면을 이상하게도 희극적으로 구성한다. 오이디푸스는 아버지로 알고 있던 폴리부스 왕의 부고를 듣고도 전혀 슬픈 기색을 내보이지 않는 것. 사실, 그 순간은 오이디푸스가 예언이 틀렸다는 사실이 확인된 것이라고 믿으면서 승리에 버금가는 경사가 된다. 그리고 예언들이 허무맹랑한 소리에 불과하다는 확신과 더불어 '폴리부스가 지옥에서 함께 잠들기 위해 (모든 예언을) 싸가지고 갔구나!'(1062-1063행)라며 홀가분해하는데, 이처럼 기뻐하는 모습은 그가 아버지를 죽였다는 사실을 알고 난 이후에 얼마나 움츠러들어 있었는지를 보여준다. 오이디푸스와 요카스타는 오이디푸스가 느끼는 죄의식을 일부라도 덜어내기 위해 아주 사소한 일에 들떠 있는 것이다.(다른 예는 938-951행에 나오는 오이디푸스와 요카스타의 토론 참고)

그러나 출생에 얽힌 비밀을 대충 넘어갈 사람이 아닌 오이디푸스는 갓 태어난 그를 넘겨준 사람의 정체가 밝혀지지 않았다는 생각이 들자, 코린트의 양치기에게 진실이 샅샅이 해명될 때까지 질문을 던지면서 죄의식을 덜게 해 주었던 애매한 단편들을 차례차례 제거해 나간다. 물론, 요카스타가 먼저 비밀을 눈치 채고 절망의 탄식과 함께 퇴장하는 모습을 보고 심상찮은 기운을 깨달아야겠지만, 이상하게도 그의 대사는 기쁨에 들떠 있다.(1183-1194행) '우연이 어머니이며… 찼다가 기우는 달이 형제들'이란 말은 새로운 정보의 습격에 압도되어 자신의 진정한 정체를 밝히겠다는 의도를 발표하면서도 자신의 세속적인 관계들을 천상의 관계들이라고 상상하는 표현인데, 이쯤 되면 출생에 얽힌 진실을 직시할 수 없을 것 같다. 이 같은 정체성의 재설정은 환경을 욕구에 맞춰 조절하는 통제감을 느끼게 해주지만, 정체성을 계속 모호하게 끌고 나가기도 한다. 수수께끼를 잘 풀기로 유명한 오이디푸스는 기본적으로 자신을 자신의 정체성을 찾아야 하는 어떤 사람으로 설정하면서 자신의 삶을 수수께끼로 만들고 있는 것이다.

사자와 테베의 양치기는 그리스 비극의 끝부분에 나와 무대 밖에서 벌어진 끔찍한 사건들을 알려주는 사자들과는 비슷하면서도 다른 면이 있다. 즉 한편으로는 전형적인 마지막 장면의 사자처럼 무대 위에서 벌어지지 않은 사건들과 관련된 중대한 소식을 전하는가 하면, 다른 한편으로는 달리 관객들뿐만 아니라 그 소식이 직접 영향을 주는 사람에게도 같은 소식을 전하는 것.

오이디푸스는 자신의 비극적인 소식을 직접 듣기 때문에 작품이 끝나가는 무렵의 거친 행동들은 그리스 비극의 마지막 장면들에서 파국을 전달하는 사자의 말에 관객들이 어떻게 반응해야 하는지를 보여주는 과장된 본보기가 된다. 이 작품 내내, 오이디푸스는 신탁소의 예언(102행), 삼거리에 대한 요카스타의 묘사(805행), 라이우스 일행 가운데 유일한 생존자인 양치기가 털어놓는 이야기(932-937행) 등에 사용된 정확한 낱말들에 집착한다. 그러나 태생에 얽힌 진실을 알고 난 이후에는 그 사자의 진술을 관객들의 반응이 어때야 하는지를 보여주는 방식으로 구체적이고 인생을 바꿔버리는 물리적 공포로 변형시킨다.

1311-1684행

합창단이 나와 '가장 위대한 인간' 오이디푸스마저 숙명을 피하지 못한 채 아버지를 살해하고 어머니와 결혼하는 비참한 처지가 되고 말았다고 탄식한다. 사자가 다시 나와 합창단에게 왕궁에서 벌어진 일을 소상히 전한다. 왕궁으로 뛰어 들어간 요카스타는 내실 문을 잠그고 남편에게서 남편을, 자식에게서 자식을 낳은 괴수 같은 운명을 한탄하며 통곡했다. 그때 오이디푸스가 달려 들어와 미친 듯이 칼을 가져오라고 외치며 아내이자 아내가 아닌, 자식들을 함께 낳은 그녀를 저주하다가 불현듯 문을 부수고 내실로 들어갔더니 요카스타가 목을 맨 채 죽어 있다. 망연자실한 오이디푸스는 요카스타의 시신을 끌어내려 눕히고 통곡하다가 도저히 눈을 뜨고 세상을 대할 수 없다며 그녀의 외투에 꽂혀 있던 황금 브로치를 뽑아 '보아서는 안 될 사람을 보았고 보아야 할 사람을 보지 못했던' 두 눈을 몇 번이고 찔렀다.

사자가 이야기를 마칠 때, 눈에서 피를 흘리며 등장한 오이디푸스가 '나의 운명'은 아폴론 신이 정했으나 두 눈을 찌른 것은 순전히 '나의' 행위라면서, 신들의 미움을 받은 더러운 '나' 때문에 피해를 입지 않으려면 '나를' 테베에서 추방시키라고 외치고 자기의 출생, 결혼, 인생, 나아가 모든 출생, 결혼, 인생을 저주한다. 합창단이 뒤로 물러선다.

크레온이 등장한다. 합창단은 이제 테베의 질서를 회복시킬 인물은 크레온이라는 희망을 피력한다. 크레온은 사람들 앞이라 지난 날 자신을 반역자라고 비난한 오이디푸스를 용서하고, 오이디푸스에게 안으로 들어가 치욕스러운 모습을 남에게 보여주지 말라고 말한다. 오이디푸스는 아버지의 나라에 살면서 나라를 더럽힐 수 없으니 '나를' 추방하고, 누이인 요카스타의 장례를 잘 치러달라고 부탁한다. 크레온은 오이디푸스의 추방에는 선뜻 동의하면서도, 먼저 신들의 뜻이 허락할 경우에만 그 부탁을 들어주겠다는 단서를 붙인다. 오이디푸스의 명에 따라 움직이지는 않겠다는 속셈을 드러내는 것. 무슨 이유인지 몰라도 자기가 병이나 그 밖의 일로 죽는 것은 신들의 뜻이 아니라고 확신하는 오이디푸스는 크레온이 자기를 테베에서 내쫓을 수밖에 없을 것이라고 생각하고, 성인이 되었고 남자여서 제 앞가림이 가능한 두 아들과 달리 어디를 가든 더러운 피 때문에 멸시와 조롱의 눈길을 피하지 못할 두 딸의 앞날이 걱정스럽다며,

크레온에게 두 딸의 보살핌과 함께 한 번만 만나게 해달라고 부탁한다.

안티고네와 이스메네가 울면서 등장한다. 크레온의 관대한 마음에 감동한 오이디푸스는 신들의 가호를 빌고, 이어 사회의 멸시를 피하지 못하고 결혼하려는 남자가 없어 평생 쓸쓸하게 살아가야 할 두 딸의 가련한 운명을 한탄하며 흐느끼다가 크레온에게 두 딸의 보호자가 되어달라고 간청하고, 두 딸에게는 '아버지보다는' 더 훌륭한 삶이 되게 해달라는 기도를 올리라고 덧붙인다. 크레온은 오이디푸스가 수치스럽게도 너무 오랫동안 울었다면서 근위병들에게 안티고네와 이스메네를 데려가라고 명하고, 딸들을 빼앗지 말라고 애원하는 오이디푸스에게 그의 권력은 끝났으니 더 이상 지배할 생각은 하지 말라고 쏘아붙인다. 모두들 퇴장한다. 다시 등장한 합창단은 가장 위대한 인간이자 만인이 우러러보던 오이디푸스가 무서운 고뇌와 풍파에 휩쓸려 처참하게 몰락했다면서, 인생이란 모두가 불행하며, 죽음만이 안식을 가져다줄 수 있다고 말한다.

앞에서는 오이디푸스의 성공과 통치 역량의 상징으로 삼았던 농부와 '키잡이'의 심상들을 이 부분의 합창

(1311-1350행)에서는 그의 몰락을 보여주는 상징으로 바꾼다. 그런데 특히 오이디푸스의 행동들에 담긴 성적 요소에 초점을 맞춰 풀어나가는 방식은 매우 극단적이다. 오이디푸스와 라이우스는 '한 부두에 정박한 두 척의 배처럼 하나의 넓은 항구'를 공유했으며, 오이디푸스도 아버지가 갈았던 '밭고랑들'을 갈았다.(1334-1339행) 항구의 심상은 겉으로는 요카스타의 '내실'을 가리키지만, 요카스타의 성기를 암시하는 것도 분명하다.

이 장면에서는 세상과 땅의 심상도 계속 등장하는데, 오이디푸스가 자식들에게 저지른 일에 대해 언급하는 부분이 가장 두드러진다.(1621-1661행) 세상, 땅, 밭 갈기의 심상은 나라의 땅을 일구는 강인한 농부를 은유하기 위해 사용하고 있지만, 오이디푸스가 죽인 가족 구성원들의 피를 마시는 땅의 심상을 암시하기도 한다.(특히 1531-1537행 참고) 오이디푸스의 범죄들은 오이디푸스, 그의 가족, 그의 시민들이 발 딛고 서 있으며, 그들 모두가 오이디푸스의 폭력으로 인해 매장되는 땅에 퍼진 일종의 병충해, 즉 작품의 시작과 함께 나오는 역병으로 상징된다.

오이디푸스가 스스로 눈을 찔렀다는 사실이 사자에 의해 전해진 다음, 소년의 손에 이끌려 입장하는 장면(1432행)은 티레시아스가 한 소년의 손을 잡고 입장하던 장면(337행)과 시각적으로 병치된다. 이번에는 오이디푸스가 자신이 조롱했던 티레시아스처럼 육체의 눈은 멀었으나 마음의 눈을 뜨게 되어 모든 것을 직관적으로 꿰뚫어볼 수 있게 된 것. 합창단의 관심은 오이디푸스가 제 눈을 찌른 뒤에 겪게 될 처절한 신체적 고통의 정도에 집중되지만, 정작 오이디푸스는 고통에 대해서는 언급하지 않고 티레시아스처럼 진리를 추구할 때 부수되는 심리적 고뇌에 초점을 맞춘다.

라이우스의 살해범으로 밝혀진 오이디푸스는 테베로부터 추방될 처지가 되자, 기다렸다는 듯이 권력을 차지한 크레온에게 요카스타의 장례와 자신의 추방을 지시하는데, 비참한 처지에 빠져서도 권력자의 허세를 버리지 못한 모습이며, 왕의 지위를 놓기가 어렵다는 방증이다. 그러나 그를 대수롭지 않게 여기는 크레온은 이 극시의 도입부에서 오이디푸스가 그랬던 것처럼 아주 사무적이고 신속하다. 첫 장면에서 오이디푸스가 합창단이 신탁을 받아보라고 요구할 것을 미리 예상했듯, 크레온도 오이디푸스의 추방 요구를 예상하고 미리 '신'에게 물어보았고(1574행), 두 딸과의 상봉 요구도 예상하고 미리 대기시켰다가 잠시 만나게 하고 떼어놓는 것.

이 작품의 끝부분에서 오이디푸스가 괴물이 아니라 비극적인 인물이 되는 것은 무엇보다도 크레온과 대비되기 때문이다. 이 극시 전반에서 오이디푸스는 완고하고 교만한 태도를 많이 내보였다고는 해도 어쨌든 성실하고 정직했다.

우리가 그의 판단을 신뢰할 수 있는 까닭은 항상 언행이 일
치하고 옳다고 믿는 것을 행하려는 듯이 보이기 때문이다.
따라서 실명과 추방이라는 벌도 자초하는 것이기 때문에 정
당해 보인다. 반면, 크레온은 겉으로는 성실하고 솔직해 보
여도 내면은 전혀 그렇지 않다. "저는 진심만을 말하려 노
력하고, 그것이 제 기질입니다"(1671행)라고 말하지만, 정
작 관객들은 거짓말이란 것을 알고 있다. 일전에 반역자라
고 비난하는 오이디푸스에게 권력욕이 전혀 없다고 항변했
으면서도 오이디푸스가 라이우스의 살해범이란 사실이 밝
혀지자마자 왕위를 차지하려고 드는 것. 이 극시의 대단원
에서는 한 종류의 교만이 다른 교만으로 대체될 뿐이며, 합
창단이 노래하는 것처럼 모든 인간은 비참한 운명을 타고
났다.

〈콜로누스의 오이디푸스〉
1-576행

테베로부터 추방되어 오랜 세월을 방랑하던 오이디푸스는 아테네 외곽의 어느 숲에 도착한다. 이제는 눈이 먼 데다 노쇠해져 맏딸 안티고네의 부축을 받지 않으면 제대로 걸을 수도 없다. 두 사람은 그곳이 어딘지 모르지만 아테네에서 멀지 않다는 말을 들었고, 그 숲에는 거룩한 땅이란 표지가 붙어 있다. 콜로누스 시민이 다가와 그 숲은 인간의 출입이 금지된 곳이라며 어서 떠나라고 경고한다. 이어 오이디푸스는 그 숲의 주인이 에리니에스라는 말을 듣고도 떠나지 않겠다고 고집을 피우면서 그 사람에게 아테네와 그 인근 지역을 다스리는 테세우스 왕을 모셔다 달라고 부탁하고, 안티고네에게는 과거에 아폴론 신의 신탁이 그의 파멸을 예언하면서 바로 이 땅에서 죽을 것이라고 선포했다는 사실을 알려준다.

합창단이 나와 감히 콜로누스의 거룩한 금지(禁地)

에 발을 들여놓은 이방인들을 비난하면서 숲의 한 귀퉁이에 있는 바위의 돌출부로 가도록 설득하고 오이디푸스에게 고향을 묻는다. 오이디푸스가 마지못해 정체를 밝히자, 오이디푸스 집안에 내린 저주가 그들과 그들 나라에 미칠 것이 두려운 나머지 당장 떠나달라고 간청한다. 그러나 ‘내가’ 저지른 끔찍한 행위들은 결코 ‘내’ 책임이 아니었다며 ‘나를’ 쫓아내지 않으면 그들의 도시가 신들로부터 엄청난 보상을 받게 될 것이라는 오이디푸스의 단호한 말투에 테세우스가 결정을 내릴 때까지 기다려주겠다고 물러선다.

이어 그 숲에 들어오는 사람은 테세우스가 아니라 오이디푸스의 둘째 딸 이스메네이다. 오이디푸스와 두 딸이 서로 포옹한다. 오이디푸스는 그동안 이곳저곳을 다니며 신탁에 관한 소식을 모아온 이스메네를 치하한다. 이스메네는 고향 테베에서 오이디푸스의 둘째 아들 에테오클레스가 형 폴리니세스를 내쫓았으며, 폴리니세스는 공동 통치자 크레온과 동생을 공격하기 위해 아르고스에서 군대를 모으고 있다는 끔찍한 소식을 전한다.

아폴론 신은 오이디푸스의 무덤이 그것이 위치한 도시에 엄청난 행운을 가져다줄 것이라는 신탁을 내렸다. 두 아들과 크레온도 그 예언에 대해 알고 있으며, 크레온이 지금 오이디푸스를 데려가 테베에 매장할 권리를 차지하기 위해 콜로누스로 오고 있다. 오이디푸스는 ‘내가 추방될 때’ 수수방관한 두 아들의 어느 편에도 서지 않겠다고 맹세한다. 합창단이 오이디푸스에게 거룩한 땅을 침범하면서 모욕한 신들을 달래야 한다고 말하자, 이스메네가 필요한 술과 기도를 바치겠다며 나선다.

〈콜로누스의 오이디푸스〉의 시간적 배경은 〈오이디푸스 왕〉보다 오랜 시간이 지난 뒤이며, 이제 기나긴 방랑생활을 거친 오이디푸스는 자신의 추방을 다른 관점에서 바라본다. 첫째, 〈오이디푸스 왕〉의 마지막 장면에서는 교만하게도 '내' 행동에 대한 책임은 '내게' 있다고 주장하면서 스스로 눈을 찌르고 추방시켜달라고 말했던 것과 달리, 여기서는 운명은 '내' 책임이 아니라고 단언하고, 〈오이디푸스 왕〉에서는 등장하지도 않은 두 아들이 '나의' 추방을 막았어야 했다고 생각한다. 우리는 아직 오이디푸스의 바뀐 마음이 몰락한 사내의 구차한 변명에 불과한지, 아니면 오랜 방랑 생활을 통해 새로운 종류의 지혜를 얻게 된 것인지 알 수 없다.

비록 오이디푸스가 과거의 교만과 경멸을 친절과 바꾼 것 같지만, 첫 장면에서 나타나는 모순은 참으로 당황스럽다. 두 부녀는 안티고네가 아름답게 묘사하는 거룩한 땅을 침범한다. 그 신성모독은 헌주(獻酒)와 기도로 정화되어야 하고, 그 일은 이스메네가 맡는다. 동시에 경건함을 중심 제재로 하는 작품이 거룩한 땅을 침범하면서 시작한다는 것도 이상해 보인다. 분명한 점은 오이디푸스가 과거보다 훨씬 더 경건해 보인다는 것이다. 기도나 헌주가 요구될 때는 즉각 동의하는 것. 그러나 두 딸에게는 필요한 의식들을 치르게 하면서도 자신의 침범에 대해서는 실제로 용서를 구하지 않고 오히려 자기가 그곳 시민들보다 신들에 대해 더 많이 알고 있다고 생각한다. 이처럼 경건함과 교만 사이에 나타나는 기묘한 긴장관계는 이 작품이 전개되면서 중단되지 않고 오히려 점점 더 강화된다.

오이디푸스는 지혜는 얻었지만 강렬한 열의는 잃어버렸기 때문에 역동적이고 영웅적인 풍모가 훨씬 약화되었다. 어쩌면 늙은 그에게서 극적인 흥미가 느껴지지 않는 것은 오늘날 관객들이 이해하기 어려운 종교적인 주제들과 의례들에 주관심이 있는 이 극시에서는 모든 등장인물들의 중요성은 그 다음이기 때문일지 모른다.

577-1192행

합창단이 오이디푸스의 주위에 둘러서서 쉬지 않고 죄 상들을 비난하면서 비극적인 삶에 대해 하나하나 이야기하라고 다그치자, 결국 마지못해서 아버지를 죽이고 어머니와 결혼한 것이 사실이라면서도 자기도 모르는 사이에 저질러진 일이라고 변명한다. 이때 등장한 아테네 왕 테세우스가 그 비극적인 사건들을 알고 있다면서 안타까워한다. 오이디푸스는 '내' 이야기를 되풀이하지 않게 해주어 고맙다면서, '내 시신'이 아테네에 큰 축복이 될 테니 '내가 죽으면' 법도에 맞게 장례를 치르고 콜로누스에 묻어달라고 부탁한다. 테세우스가 그러마고 답하자, 오이디푸스는 비로소 테베가 '내 시신'을 차지하기 위해 아테네를 공격할 것이라고 경고한다. 그렇다면 왜 그들이 그토록 원하는 고향으로 돌아가 죽으려 하지 않느냐는 물음에는 추방의 잔인성, 우정과 사랑의 속절없음, 그리고 그가 매장되는 도시를 보호해주기로 약속한 영원한 신들 이외에는 믿을 것이 없다고 한탄한다. 테세우스는 오이디푸스를 테베 사람들로부터 지켜 줄 것이며 결코 배신하지 않겠다고 맹세하고 퇴장한다. 합창단이 테세우스를 찬양하는 노래를 부르며 등장한다.

크레온이 근위병들을 이끌고 다가오는 모습이 안티고네의 눈에 들어온다. 오이디푸스 부녀들의 두려움을 간파한 크레온은 오이디푸스를 모셔다가 세상을 떠날 때까지 편히 쉬도록 해드리기 위해 왔다면서, 그의 가련한 유랑생활이 테베 사람들을 부끄럽게 만들고 있다고 말한다. 오이디푸스는 '나를' 추방한 장본인이 '나를' 테베로 데려가려는 속셈은 '내 시신'이 매장된 도시에 대해 신들이 약속한 축복 때문이란 것을 잘 알고 있다면서, 돌아가고 싶은 마음은 전혀 없으며 죽음의 평화에 들기를 바랄 뿐이라고 대꾸한다. 그러나 크레온은 뜻을 굽히지 않고 병사들에게 안티고네와 이스메네를 잡아오도록 명한다. 두 딸을 볼모로 삼아 오이디푸스의 마음을 바꾸겠다는 심산인 것. 합창단은 크레온을 비난하면서도 막을 힘이 없다.

이어 크레온이 오이디푸스를 잡아 테베로 끌고 가겠다고 위협하며 잡으려는 순간에 당도한 테세우스가 소동의 원인을 묻자, 오이디푸스가 그동안의 소동을 설명한다. 테세우스는 부하들에게 무슨 수를 써서라도 안티고네와 이스메네를 구해 오라고 명하고, 패악한 행실로 테베를 수치스럽게 만들었다며 크레온을 꾸짖는다. 한풀 꺾인 크레온이

오이디푸스의 가공할 범행들에 대한 징벌이었다고 변명하
자, 오이디푸스는 '내가' 저지른 일들은 신들이 강제로 떠
맡긴 숙명 때문이었지 결코 '나의' 책임이 아니라고 재차
주장한다. 테세우스는 부하들에게 크레온에게서 눈을 떼지
말라고 명하고 안티고네와 이스메네를 구하러 간다. 크레
온은 지금은 중과부적(衆寡不敵)이라 테세우스의 말에 따
를 수밖에 없지만 테베로 돌아가 반드시 군사를 일으켜 보
복하겠다고 다짐한다. 오이디푸스와 합창단만 남고 모두
퇴장한다. 퇴장하던 테세우스는 오이디푸스에게 반드시 두
딸을 되찾아주겠다고 약속한다.

〈안티고네〉와 〈오이디푸스 왕〉에 비하면, 〈콜로누스의
오이디푸스〉는 긴장감이나 해결되지 않은 갈등이 비교적
거의 나타나지 않고, 줄거리는 곁가지가 없다. 테세우스는
영웅이며 크레온은 악한이고, 크레온이 오이디푸스의 두 딸
을 납치하자 테세우스가 되찾아 온다. 마침내 신들이 오이
디푸스의 편에 서면서, 요구하는 것을 받게 되는 것.

우리는 크레온이란 인물 속에서 긴장을 감지하기 시작
한다. 그는 더 이상 오이디푸스를 돋보이게 해주는 단순한
합리적 인물, 오이디푸스의 영웅적 면모를 부각시키는 악

당이 아니라, 테세우스의 엄정한 권위와 오이디푸스의 무한한 정념 사이에 위치한 존재이면서 이제는 독선적이고도 파괴적인 힘으로 등장한다. 오이디푸스 부녀들과 있을 때는 강자이기 때문에 결과적으로 강하고 위압적으로 행동하면서 안티고네와 이스메네를 잡아오고 오이디푸스도 납치하겠다고 위협하지만, 테세우스가 등장하자 좀더 교활하게 행동해야 한다는 점을 깨닫는 것. 따라서 테세우스에게는 명령하는 대신, 오이디푸스가 아테네에도 재앙이 될 것이라고 설득하려 든다.(1070-1094행)

등장인물들의 행동들도 의심스럽게 보일 수 있다. 가령, 테세우스가 크레온의 잔인한 폭력으로부터 오이디푸스를 보호하려는 행동은 고귀하다고 볼 수도 있지만, 좀더 실질적인 계산도 작용했을지 모른다. 다시 말해, 오이디푸스의 보호는 그가 통치하는 도시의 안전과 번영을 의미하는 것이다. 오이디푸스 역시 자신의 말처럼 아무런 힘도 없는 인물이 아닐 수 있다. 눈먼 사람이 테베의 집으로 돌아가지 않겠다고 고집을 부리는 것은 신들의 뜻을 따르려는 마음보다는 교만처럼 보이고, 테세우스 앞에서 크레온과 테베에 대해 늘어놓는 원망들은 깊은 원한을 품은 사람의 잔인한 조롱처럼 들린다. 오이디푸스의 거부와 모욕들 때문에 크레온이 그의 딸들을 납치하게 되는데, 그들 두 사람에게는 겉으로 드러난 것보다 더 복잡한 동기들이 있는 듯하다.

1193-1645행

합창단은 콜로누스와 테베가 영광의 전쟁에서 맞붙으면 군사력이 강하고 신들의 축복까지 받은 콜로누스가 승리할 것이라고 전망한다. 테세우스가 안티고네와 이스메네를 데리고 돌아온다. 오이디푸스가 두 딸을 껴안고 고마움을 표시하자, 테세우스는 자매를 구하기 위해 펼친 싸움에 대해서는 언급하지 않고 말보다는 행동으로 증명하는 쪽이 좋다고 대꾸하고, 최근에 아르고스에서 왔다는 수상쩍은 사내가 포세이돈 신의 제단에서 기도하는 모습을 보았는데 오이디푸스와 이야기를 나누고 싶어한다는 소문이 있다고 덧붙인다.

그 순간 폴리니세스라고 직감한 오이디푸스가 누구보다 미워하는 아들이라며 제발 쫓아버리라고 간곡히 청한다. 그러나 테세우스와 안티고네는 폴리니세스의 말을 먼저 들어보는 쪽이 좋겠다면서, 해묵은 원망을 품고 있기보다는 이성에 귀를 기울여야 한다고 주장한다. 오이디푸스는 테세우스가 만약 있을지도 모를 납치로부터 지켜주겠다고 약속한다면 만나보겠노라고 마지못해 답한다. 테세우스는 지켜주겠다는 약속을 남기고 퇴장한다.

합창단이 오이디푸스 주위를 둘러싸고 애초에 이 세상에 태어나지 않는 것이 제일 낫지만, 태어날 수밖에 없다면 삶은 견딜 수 없고 죽음만이 평화를 가져다주니 길게 사느니 차라리 짧게 사는 것이 상책이라는 노래를 부른다. 합창단의 노래가 끝나고, 폴리니세스가 등장한다.

폴리니세스는 집안에 닥친 처절한 숙명을 한탄하며 울부짖다가 엄숙한 어조로 아버지가 추방될 때 그저 방관하고 있었던 것을 뉘우친다고 말하지만, 오이디푸스는 외면한 채 아는 척도 하지 않는다. 그동안 지낸 일을 소상히 말해 보라는 안티고네의 권유에 폴리니세스는 아우 에테오클레스가 테베 시민들을 매수해 그를 추방하게 만들었다는 둥, 여러 나라에서 일곱 군대를 모아 테베의 일곱 성문을 쳐부수고 무력으로 왕위를 되찾을 계획을 갖고 있다는 둥의 말로 운을 뗀 다음, 아우를 쳐부수러 가는 그를 축복해 전쟁에서 이기게 해달라고 부탁하려는 속셈을 드러낸다. 오이디푸스가 아무런 반응을 보이지 않자, 합창단이 무슨 말이든 하라고 설득한다. 오이디푸스는 아버지의 추방을 방관하던 폴리니세스가 똑같이 추방과 슬픔을 겪는 것은 당연한 일이라면서, ‘내가’ 추방될 때 두 아들에게 내렸던 저주에 따라 형제가 서로의 손에 죽음을 당할 것이라고 덧붙인다.

아버지의 축복을 포기한 폴리니세스는 두 누이에게 전사하거든 법도에 맞는 장례를 치러달라고 부탁하고, 전쟁을 포기하라는 안티고네의 애원에는 명예 때문에 그럴 수 없다고 답한다. 안티고네는 죽음을 자초하지 말라고 간청하지만, 폴리니세스는 '내 목숨'은 신들의 손에 있다면서 누이들을 위해 기도하고 테베로 향한다.

: 풀어보기

'요모조모 따져보면/ 태어나지 않는 것이 최상이지만, 일단 사람이 빛을 보았다면/ 차선(次善)은 단연코/ 왔던 곳으로 돌아가는 것'(1388행-1391행)이란 합창단의 말은 이 작품의 핵심 주제를 요약해 놓은 것이라고 할 수 있다. 그러나 소포클레스의 신념을 표현한 '구호'로 간주한다면, 의식(儀式)의 즐거움에서부터 전쟁의 공포, 나아가 자연의 거역할 수 없는 힘까지 망라되는 이 부분의 시적 정취를 무시하는 지나친 단순화가 될 것이다. 게다가 오이디푸스가 주인공인 이 극시의 맥락 속에서 이 부분은 너무나 말 그대로 '그가 왔던 곳'—요카스타의 자궁—으로 정확히 '돌아' 가기 때문에 얄궂은 색조를 띤다.

이 작품에서는 폴리니세스가 여러 번 언급되지만, 테

베 3부작에서 관객들이 직접 볼 수 있는 곳은 부자간의 반목을 다루는 이 대목이 유일하다. 여기서 우리 눈에 잠깐 비치는 그는 명예와 의무를 중시하지만 테세우스의 뛰어난 판단력과 실용적 분별력이 부족한 사내, 즉 몰락하기 전의 오이디푸스를 아주 빼닮은 듯한 모습이다. 어쨌든 신들을 무시하지는 않지만 교만과 사리사욕에 떠밀려 전쟁에 나서고, 운명을 그대로 받아들이는 것.

오이디푸스가 곤경에 빠진 아들에게 보이는 반응은 지독한 악담인데, "네 이놈, 죽어버려라! 죽어서 지옥에나 떨어져라! 침을 뱉어주마! 꺼져라!"(1567행)라는 외침에서 절정에 이른다. 그의 전체 대사는 너무 처절하고 강력해서 관객은 저주받는 사람보다는 저주를 퍼붓는 사람에게 동정을 느끼지 않을 수 없을 정도다. 이제는 오랜 방랑으로 심신이 망가져 모든 세속적 폭력을 혐오하는 동시에 바라는 것이라곤 죽음뿐이지만, 관객들이 그가 아들에게 퍼붓는 끔찍한 저주—이 극시의 도덕적 노선들을 너무 확연히 긋는 것 같다.—를 수긍해야 할지 말지는 불분명하다. 두 번째 만남에서 부자(父子)가 완전히 등을 돌리는데, 우리는 어느 한쪽에만 감정이입을 할 수 없는 처지인 것.

1646-2001행

여기는 슬퍼할 공간이 없느니—
신들의 진노가 내릴까 두렵네.

천둥소리가 무시무시하게 울린다. 겁을 먹은 합창단이 비명을 질러댄다. 오이디푸스는 '내가' 이 세상을 떠날 시간이 왔다며 테세우스를 불러 오게 한다. 하늘이 시커멓게 변하자, 합창단은 불길한 징조라며 웅성거린다. 테세우스가 등장한다. 오이디푸스는 천둥이 '나의' 죽음을 알리는 신호라면서, 테세우스의 도시가 신들의 보호를 받으려면 몇 가지 의식이 필요하다고 알려준다. 테세우스를 '내가' 죽을 곳으로 데려갈 텐데, 그 장소에 대해서는 심지어 '내' 딸들에게도 비밀로 해야 된다. 다만 테세우스가 죽을 때 후계자에게만 알려주고, 다시 그 후계자가 죽을 때 다음 후계자에게만 알려주는 식으로 비밀을 지켜야 그의 후손들이 대대손손 신들의 축복을 받은 도시를 다스릴 수 있다는 것. 말을 마친 오이디푸스는 갑자기 기력을 모아 무덤으로 가기 위해 두 딸과 테세우스를 이끌고 성큼성큼 퇴장한다.

　합창단이 나와 평화와 오이디푸스의 명예로운 장례를 위해 기도한다. 이어 사자가 나와 합창단에게 무대 밖에서 벌어진 일을 전한다. 테세우스와 두 딸을 데리고 가파른 비탈을 올라간 오이디푸스는 딸들을 딴 곳으로 보내 신들에게 마지막 헌주를 시켰다. 두 딸이 돌아와 법도에 따라 아마포 수의를 아버지에게 입히고 울음을 터뜨리자, 오이디푸스는 '나의' 무한한 사랑으로 너희들이 '나 때문에' 겪은 온갖 시련을 갚아줄 것이라고 힘주어 말한다. 이어 서로 껴안고 흐느끼고 있을 때, 하늘에서 오이디푸스에게 할일을 계속하라는 목소리가 들렸다. 테세우스는 두 딸을 보살펴달라는 오이디푸스의 부탁을 기꺼이 수락했다. 두 딸을 딴 곳으로 보낸 오이디푸스는 죽을 곳으로 테세우스를 데리고 갔다. 안티고네와 이스메네가 돌아와 보니 테세우스는 눈을 가린 채 서 있었고, 아버지는 보이지 않았다. 테세우스는 무릎을 꿇고 땅에 입을 맞추고는 신들에게 기도를 올렸다.

　사자의 이야기가 끝나자, 안티고네와 이스메네가 만가를 부르며 등장한다. 안티고네는 동생과 함께 목숨이 다할 때까지 아버지를 애도할 것이라고 흐느끼며, 이제는 갈 곳이 없어졌으니 둘이서 영원히 방랑할 수밖에 없는 처지가 되었다고 탄식한다. 울음을 그치라고 달래는 테세우스에게 아버지 무덤이라도 보게 해달라고 애원하다가 거절당한 안티고네와 이스메네는 테베로 안전하게 돌아가 오빠들이 서로 싸우는 불상사를 막을 수 있게 해달라고 간청한다. 테세우스가 그 청을 받아들인다. 합창단은 두 처녀에게 이 세상에서 살아가며 겪는 일은 모두 신들의 뜻에 따른 것이니 울음을 그치라고 위로한다. 테세우스와 합창단은 아테네를 향해, 안티고네와 이스메네는 테베를 향해 퇴장한다.

〈오이디푸스 왕〉과 〈콜로누스의 오이디푸스〉는 모두 '자신에 대해 아는 것'이 중심 주제다. 그것이 너무 부족한 전자에서는 관객들은 오이디푸스에 관한 진실을 알고 있었으나 정작 그 자신은 모르고 있는 반면, 그것이 넘쳐나는 후자에서는 그의 모든 행동들은 신적인 지식에 의해 신성해지고, 다른 등장인물들과 달리 자신의 역경에 대해 잘 알고 이해한다. 테베 3부작에서 관객들은 실제 사건들, 특히 폭력적인 사건들과는 거리가 떨어져 있었다. 이 작품의 많은 사건들도 사후에 사자의 입을 통해 서술되기 때문에 관객들과 오이디푸스 사이의 거리는 곱절로 벌어진다. 이를테면, 관객들뿐만 아니라 테세우스를 제외한 어느 누구도 오이디푸스의 죽음을 목격하지 못하는 것.

나아가 콜로누스를 지켜줄 것은 어떤 행동이나 객체가

아니라 세월과 더불어 후세에 전해지는 언어다. 오이디푸스의 말마따나 그의 죽음과 시신은 콜로누스의 안녕에 중요한 것이 아니고, 자자손손 전달되는 비밀이 아테네의 진정한 수호자가 될 것이다. 그러나 소포클레스가 관객이 도저히 알 수 없는 비밀을 작품의 축으로 삼았다는 것은 쉽게 이해되지 않는 점이다. 〈오이디푸스 왕〉에서 작품에 기쁨과 슬픔을 준 것은 관객들이 등장인물들보다 작품의 비밀을 더 많이 알고 있다는 점이었다. 그 같은 지식을 모른다면 우리는 과연 무엇을 느낄까? 오이디푸스의 비밀스런 죽음의 순간은 우리처럼 쥐꼬리만큼 알고 있는 합창단의 몇 행짜리 밋밋한 대사로 처리되면서, 예의고 뭐고 없게 된다.

오늘날 관객들은 안티고네와 이스메네의 마지막 대사들에서 의외로 아무런 감동을 얻지 못할 수 있다. 작품 속의 사건들에 의해 유발되었다고 여겨지지 않는 극단적인 슬픔을 진정으로 공유할 수 없을 뿐만 아니라, 딱히 부정할 이유도 없기 때문이다. 관객들은 오이디푸스와 폴리니세스 사이의 갈등처럼 자신의 감정과 사유의 범주들을 벗어난 감정들에 대해 한 가지 방식으로만 반응할 수 없고, 우리가 비극 작품에서 느끼게 되는 것과 전혀 다르게 정서적이고 도덕적인 거리를 두고 그 감정들을 대할 수도 있는 것이다. 〈콜로누스의 오이디푸스〉는 비극이 아니라 그 속에 수수께끼 같은 비밀을 간직하고 있는 원고다.

Important Quotations Explained

다음은 주요 인용구 해설입니다.

1. 내 피붙이 동기 소중한 동생, 사랑하는 이스메네야,
   아버지 오이디푸스께옵서 슬픔을 많이도 물려주셨구나!
   어디 한 번 물어보자, 너는 제우스 신께서
   우리가 살아 숨 쉬는 동안 우리 둘을 위해 이루시지 않을
   슬픈 일 하나를 알고 있니?
   고통이 없는 것은 존재하지 않는단다. 우리의 삶은 고통인 게야.
   사적인 치욕이든, 공적인 불명예든,
   너와 나의 슬픔 속에서는 겪어보지 않은 일이 없구나.

   — 〈안티고네〉 1-8행. 안티고네가 맨 처음 내뱉는 '내 피붙이 동기'란 말을 통해 가족 관계에 관심을 둔다는 점을 분명히 강조하는 이 극시는 대를 이어 영향을 끼치는 근친상간과 오빠에 대한 누이의 사랑을 다루고 있다. 오이디푸스가 경솔하고 뜻하지 않게 아버지를 살해한 이후부터 성(性)이나 폭력, 또는 성과 폭력에서 피붙이들이 부자연스럽게 짝지어질 수밖에 없는 운명에 빠지고 말았다. 아버지가 '슬픔을 많이도 물려주셨다'는 말은 은연중에 슬픔을 집안 대대로 전해지는 유산처럼 생각한다는 뜻이 함축되어 있다.

   이미 첫 대사에서부터 더 이상 잃을 것이 없다는 사실을 잘 알고 있는 안티고네는 위험한 여인처럼 보이고, 관객이 미처 생각할 틈도 없이 다음에 이어질 슬픈 일이 오빠의 시

신 매장을 금하는 크레온의 명령이란 사실을 밝힌다. 이처럼 그녀는 처음부터 사건의 실체를 제대로 알아차리고, 기꺼이 그 진실을 거리낌 없이 밝히고 지적하려 드는 유일한 인물이다.

2. 무정부(無政府) 상태—이 세상을 통틀어 이것보다 더 큰 범죄가 있다면 내게 보여주려무나!
그녀, 그녀는 도시들을 파괴하고, 집들을 뭉개버리고,
창병(槍兵)들의 대오를 흩트려 앞 다투어 달아나게 만든다. 하지만 그녀를 이겨낸 사람들, 그들 대부분은 규율 덕분에 목숨을 건진다.
따라서 우리는 법을 지키며 살아가는 사내들을 반드시 보호해야 하고, 어떤 여자가 우리 위에 군림하게 해서는 안 된다.
만약 어쩔 수 없이 권좌에서 내려와야 한다면,
사내 손에 끌려 내려오는 편이 낫다.
결단코 여자보다 못하다는 소리는 듣지 말거라. 결단코!
— 〈안티고네〉 751-761행. 크레온이 합창단에게 말하는 대사 가운데 하나. '지도자 없음'이란 뜻의 'anarchy(무정부 상태)'가 그리스어(anarchia)에서는 여성이고 여성대명사로 나타낼 수 있다. 따라서 크레온이 '그녀'라고 지칭하는데, 관객에게는 마치 안티고네에 대한 언급이자 질서 유시와 여자들에게 분수를 지키게 하는 일이 확실히 연관되어 있다고 주장하는 것처럼 들리기도 한다. 범법행위를 처벌하지 않으면 무정부 상태가 될 수밖에 없다고 단언하며, 법은 그 규모를 막론하고 절대적이어야 한다고 믿는 크레온이 통치자의 성을 일관되게 '남자'로 단언한다는 사실은 의미심장하다. 남성의 정치적 권위와 통제되지 않은 여성의 불복종이 상반되기 때문이다. 여성의 불복종을 가능한 모든 면—정치적인 면('도시들을 파괴하고') · 가정적인 면('집들을 뭉개버리고') · 군사적인 면('창병들의 대오를 흩뜨려')—에서 문명의 질서를 뒤

엎는 그 무엇으로 간주하는 그는 이 같은 무질서와 맞서 싸우는 유일한 방법이 규율이라고 믿기 때문에 "우리는 법을 지키며 살아가는 사내들을 반드시 보호해야 하고, 어떤 여자가 우리 위에 군림하게 해서는 안 된다"(758행)고 주장하는 것이다.

3. 두려움이라고요? 인간이 두려워할 게 뭔가요?
그건 전적으로 우연이고, 우연이 우리 인생을 지배하는데.
이 세상 어느 누구도 하루 앞을 내다보지 못하고,
어둠 속을 더듬거리고 있는 거예요.
닥치는 대로 최선을 다해 살아가는 게 상책이지요.
당신 어머니와 결혼한다는 것에 대해서도 두려워하지 마세요.
당신 말고도 많은 사내들이 꿈속에서 어머니와 동침했으니까요.
그 따위 일에는 전혀 마음 쓰지 마시고
살아가세요, 오이디푸스시여,
마치 내일이 없는 듯이!

— 〈오이디푸스 왕〉 1068-1078행. 오이디푸스 설화를 잘 알고 있는 관객들은 요카스타가 자기확신에 차서 근친상간을 놀라울 정도로 가볍게 다루는 이 대사를 굳이 들을 필요가 없다. 이 대사는 그녀가 자기 말이 멍청한 것인지 빈정대는 것인지, 아니면 그냥 틀린 것인지 알 수 있는 도리가 없기 때문에 비극적이다. 이 극시에서 '숙명'의 작용에 대해 관객들이 느끼는 감정은 거의 전적으로 오이디푸스 설화가 기원전 5세기의 아테네에서도 존재했다는 사실과 관계가 있다. 따라서 관객들의 위치는 티레시아스의 그것과 흡사하다. 즉 관객 자신들과 다른 사람들을 계속 고통스럽게 만들 사실을 속속들이 알고 있는 것이다.

동시에 이 대목이 반어적인 느낌을 주는 이유 가운데 적어도 일부는 요카스타의 무분별을 책망하는 관객들과 이 작

품에 근거한다는 점을 주목해야 한다. '우연이 우리 인생을
지배'하며, 오이디푸스에게 '마치 내일이 없는 듯이' 살아가
라는 말은 그녀 자신을 포함해 어느 정도 모든 등장인물들
의 믿음과 상반되는 것처럼 보이기 때문이다. 오이디푸스는
사건들이 마구잡이로 결정된다고 믿었다면 크레온을 델포
이의 무녀에게 보내지 않았고, '아비를 죽이고 어미와 동침
할 것'이라는 무녀의 예언을 듣고 코린트에서 달아나지 않
았을 것이며, 요카스타도 갓난 아들의 발목을 가죽 끈으로
묶어 산 속에 내다버리게 하지도 않았을 것이다.

　　이 작품과 다른 두 작품에서도 계속 예언들이 맞아떨어
지고 인간은 신들의 말씀에 복종해야 한다는 사실로 돌아가
는데, 요카스타는 유리할 때만 예언을 믿으려고 드는 마음이
엿보인다. 아들이 아버지를 죽일 것이란 예언을 듣고 그 아
들을 내다버리게 했으며, 라이우스가 아들 손에 죽지 않았다
는 생각이 들자 무녀의 말이 틀렸다는 사실을 알았다고 주
장하는 것. 여기서는 오이디푸스가 어떤 가공할 만한 사실을
향해 다가간다는 것을 예감하고, 사람이 하는 일은 모두 우
연이라고 주장함으로써 그의 두려움을 억제시키려고 한다.

4.　테베 시민들이여, 나의 동포여, 오이디푸스님이십니다.
그 분께서는 영명함으로 그 유명한 수수께끼를 푸셨으며,
만인지상(萬人之上)의 권좌에 오르셨습니다.
어느 누가 이 분의 위대하심을 부러움 없이 바라볼 수 있을까요?
그분을 지금 공포의 시커먼 바다가 뒤덮었소이다.
이제 우리는 계속 눈을 떼지 않고 마지막 날을 기다리면서,
어느 누구도 죽어서 마침내 고통을 벗어날 때까지는
행복한 사람이라고 말하지 말아야 하오.

　─ 〈오이디푸스 왕〉 1678-1684행(마지막 대사). 오이디푸
스가 '영명함으로 그 유명한 (스핑크스의) 수수께끼를 푸셨'

다는 것과 권세에서도 모든 사람이 부러워할 정도로 '만인
지상의 자리'에 올랐다는 것은 논란의 여지가 없는 사실이
다. 합창단은 이 같은 사실들을 강조하면서 오이디푸스의 성
공과 몰락 사이에 뜻밖의 연관성이 존재한다—그가 너무 높
이 올라갔고, 교만해서 다른 사람들의 시기심을 샀기 때문에
몰락했다.—고 암시하는 것 같다. 그러나 그 인과관계가 실
제로 성립되는 것은 아니고, 궁극적으로 합창단이 증명하는
것은 시간의 경과다. 즉 "만인지상의 권좌에 오르셨습니다…
그분을 지금 공포의 시커먼 바다가 뒤덮었소이다"라는 것.
이 말은 관객들에게 공허하면서도 끔찍한 진실처럼 들린다.
어떤 이야기에서 기대되는 위안이 없기 때문이다. 본질적으
로는 '오이디푸스는 이런 이유 때문에 몰락했으니, 여러분은
이제 몰락하지 않는 법을 알게 된 셈'이라고 말하고 있다.

5. 내 딸들이여, 그만 울음을 거두어라.
    여기 어둠의 힘이 산 사람들이나
    죽은 사람들 모두를 위해 친절함을 쌓는 곳,
    여기는 슬퍼할 공간이 없느니
    신들의 진노가 내릴까 두렵네.

    —〈콜로누스의 오이디푸스〉 1970-1974행. 테세우스는 끝
    부분에 나오는 이 짧은 대사에서 죽음을 깊이 슬퍼하는 것
    이 좋은 일이 아닐 수 있다고 주장하는데, 테베 3부작에서는
    생경한 정서다. 관객들은 이 대사 이전까지 하이몬의 죽음,
    에우리디케의 죽음, 요카스타의 죽음, 오이디푸스의 실명과
    추방 등, 감당하기 힘든 슬픔들이 초래한 극단적인 결과들을
    목격했다. 슬픔에 휩싸인 사람들의 무분별한 행동은 공포와
    불가피성 또는 올바름에 대한 감각에 의해 지배된다. 요카
    스타는 아들의 어머니이자 아내로서는 도저히 살아갈 수 없
    기 때문에 자살하고, 오이디푸스는 자신의 정체성을 알아보

지 못한 벌로써 눈을 찔러 장님이 되고, 에우리디케는 자식을 죽인 남자의 아내로서는 더 이상 살 수 없었다. 이 대사는 감당하기 힘든 슬픔에서 초래되는 폭력은 폭력을 영속화시킬 뿐이란 사실에 관심을 갖게 한다.

끝부분에서 안티고네와 이스메네는 아버지를 애도하기 위해 무덤을 보게 해달라고 애원하지만, 테세우스는 오이디푸스의 당부대로 무덤의 위치를 밝히지 않는다. 다른 두 작품과 달리, 이 작품에서 죽음은 안식의 시점, 즉 애도가 시작되기보다는 멈춰야 하는 시점이다.

원 제목: 안티고네 Antigone, 오이디푸스 왕 Oedipus Rex, 콜로누스의 오이디푸스 Oedipus at Colonus

작가: 소포클레스 Sophocles

작품 형태: 희곡(극시)

장르: 〈안티고네〉와 〈오이디푸스 왕〉은 비극, 〈콜로누스의 오이디푸스〉는 분류하기 힘듦

언어: 고대 그리스어

집필 시기와 장소: 〈안티고네〉 기원전 441년 경, 〈오이디푸스 왕〉 기원전 430년 경, 〈클로누스의 오이디푸스〉 기원전 406-405년 사이 작가의 말년. 모두 그리스 아테네에서 집필되고 무대에 올려졌다.

초판 발행일: 기원전 5세기 경 아테네에서 원고 형태로 유포된 것으로 추정되며, 고대 그리스, 고대 알렉산드리아, 중세 유럽에서 학자들의 필기와 편집 작업을 거쳐 근대 편집자들에게 전해졌다.

출판사: 원본이나 초기 판본은 출판되지 않았다. 그리스어 원고에 대한 가장 중요한 현대판은 1924년 옥스퍼드대학교 출판부에서 출간되었고, 1928년 수정을 거쳐 재출간되었다.

어조: 비극적

시제: 현재

배경(시간): 고대 그리스의 신화 시대

배경(장소): 〈안티고네〉와 〈오이디푸스 왕〉은 테베, 〈콜로누스의 오이디푸스〉는 아테네 인근의 콜로누스

주인공: 〈오이디푸스 왕〉과 〈콜로누스의 오이디푸스〉는 오이디푸스, 〈안티고네〉는 안티고네

주요 갈등: 〈안티고네〉에서는 침략군을 이끌고 테베로 쳐들어왔던 폴리니세스의 시신을 법도에 맞게 매장하지 말고 방치하라고 명한 크레온과 그 명을 어기는 안티고네 사이에서 벌어짐. 〈오이디푸스 왕〉에서는 티레시아스가 테베의 역병이 오이디푸스의 책임이라고 말하고, 오이디푸스가 믿지 않으려고 할 때 일어남. 〈콜로누스의 오이디푸스〉에서는 오이디푸스가 돌아와야만 에테오클레스와 폴리니세스의 왕권다툼이 끝난다는 예언을 들은 크레온과 자신의 추방에 분노하면서 돌아가기를 거부하는 오이디푸스 사이에서 일어남.

상승: 〈오이디푸스 왕〉에서는 델포이의 무녀를 찾아갔던 크레온이 라이우스 왕의 살해범을 찾아내 추방하면 테베의 역병이 가라앉는다는 소식을 갖고 돌아왔을 때. 〈콜로누스의 오이디푸스〉에서는 크레온이 오이디푸스에게 테베로 돌아갈 것을 요구하고 강제로 데려가려고 할 때. 〈안티고네〉에서는 안티고네가 크레온의 명을 어기고 오빠를 매장하기로 결정할 때.

클라이맥스: 〈오이디푸스 왕〉에서는 오이디푸스가 기대와는 달리 테베를 역병에 휩싸이게 만든 장본인, 즉 아버지를 살해하고 어머니와 동침한 사람이란 사실을 알게 되었을 때. 〈콜로누스의 오이디푸스〉에서는 관객들이 오이디푸스가 죽었다는 소식을 들을 때. 〈안티고네〉에서는 크레온이 명을 어기고 오빠를 매장한 안티고네를 사면하기로 결정하지만 아들 하이몬이 자살하는 비극을 막기에는 너무 늦었을 때.

하강(클라이맥스 다음 이야기): 〈오이디푸스 왕〉에서는 아버지를 살해하고 어머니와 동침한 사람이란 정체가 밝혀진 이

후의 결과들, 즉 요카스타는 자살하게 만들고, 오이디푸스는 자기 눈을 찔러 장님이 되게 하고, 크레온에게는 오이디푸스를 추방하게 만드는 것. 〈콜로누스의 오이디푸스〉에서는 폴리니세스에 대한 저주. 그 저주에 이어 오이디푸스가 자신의 죽음이 임박했다는 징조로 받아들이는 폭풍우가 시작된다. 〈안티고네〉에서는 크레온이 안티고네를 생매장 상태에서 풀어주기로 결정한 이후에 일어난다. 너무 늦게 무덤에 도착한 나머지 안티고네는 이미 목을 매고 자살했으며, 아들 하이몬은 아버지를 죽이려고 덤벼들었다가 실패하자 자살한다. 이어 크레온의 아내 에우리디케도 자살한다.

주제: 불문법의 힘, 진실을 무시하려는 의지, 자유의지의 한계

모티프: 자살, 눈이 멀쩡한 상태와 실명 상태, 무덤과 매장

상징: 오이디푸스의 부은 발, 삼거리, 아티고네의 생매장

전조: '부은 발'을 의미하는 오이디푸스라는 이름은 그가 정체성을 알게 된다는 전조. 오이디푸스와 크레온에게 앞으로 벌어질 일을 알려주지만 철저히 무시당하는 눈먼 예언자 티레시아스가 말하는 진실은 오이디푸스가 자기 눈을 찔러 장님이 되게 만드는 뜻밖의 사실이 밝혀진다는 전조. 〈콜로누스의 오이디푸스〉에서 오이디푸스가 자신의 무덤을 딸들에게조차 비밀에 부치라는 말은 〈안티고네〉에서 매장을 둘러싼 문제들의 전조.

다음 질문에 대해 간단히 서술하시오.(—부분은 참고만 할 것)

1. 〈안티고네〉에서 파수병의 역할에 대해 논하라. 조역에 불과한 그가 어떻게 주요 등장인물들이나 작품의 핵심 갈등들에 대한 관객의 인상에 영향을 주는가?

    — 그 파수병은 사태의 전말을 털어놓을 생각이 전혀 없는 사자(使者)다. 폴리니세스의 시신 매장 사실을 크레온에게 보고하는 17행에 걸친 그의 대사는 말을 하지 않으려는 쪽으로 집중되는 것. 처벌이 두려워 더듬대는 모습은 크레온이 실권자이자 험악한 인물이며, 가장 힘없고 요령부득한 희생자들에게 서슴없이 권력을 행사할 준비가 되어 있다는 점을 방증한다. 물론, 크레온은 매장자를 놓친 파수병을 죽이겠다고 위협하지만, 잃을 것이 없는 파수병은 판단력이 부족한 통치자의 위험성에 대해 거리낌 없이 불평을 늘어놓는다. 그의 솔직함은 크레온의 권력이 지닌 추악한 잔혹성과 대비되고, 크레온을 쩨쩨하고 야비한 폭군으로 보이게 만든다.

    다행인지 불행인지 그 파수병은 크레온이나 테베로는 결코 돌아가지 않겠다고 다짐한 직후에 오빠의 시신을 매장하다가 체포된 안티고네를 대동하고 의기양양하게 재등장하지만, 관객들로부터 처음 등장할 때만큼의 동정심은 얻지 못한다. 이전에는 피하고 싶다던 상황에 끼어든 일을 놓고 끊임없이 자랑하고, 안티고네를 끌고 오는 모습이 크레온의 권력을 벗어나기보다는 오히려 동조하는 듯이 보이기 때문이다.

    크레온이 안티고네의 체포 상황을 보고하라고 지시하자, 체포뿐만 아니라 시신의 재매장, 부패 정도, 모래바람 때문에 파수병들이 겪은 고생, 안티고네가 시신에 베푼 의식 등

을 상세히 늘어놓기 시작하고, 결국에는 크레온과 한통속이
된 것처럼 안티고네를 묘에 가두고 죽게 만드는 인물.

2. 〈오이디푸스 왕〉에서 요카스타의 죽음과 오이디푸스가 장님이 되
었다는 소식을 전하는 사자의 대사를 평가하라? 자기가 묘사하는
사건들에 대한 태도는 어떤가? 그의 발표는 관객들에게 어떤 영향
을 주는가?

— 고대 그리스 비극에서는 끔찍한 장면은 무대 밖에서 처
리하는 것이 관례였다. 따라서 관객들은 그 상황을 직접 보
지 못하고 목격자를 통해 듣는 방식이었기 때문에 오늘날보
다 더 많은 상상력이 요구되었으며, 그 파국을 묘사하는 언
어도 매우 중시되었다. 폭력적인 사건이 무대 밖에서 펼쳐지
는 관례는 이 작품의 주제와도 어울린다. 관객들이 장님처럼
아무것도 보지 못하고 사건들을 풍문이나 보고를 통해 알게
되면서 실수도 저지르고 불확실할 수도 있다는 사실을 깨닫
게 되는 것. 한때 자신만만했던 오이디푸스도 시간이 흐르면
서 불확실성과 실수에서 자유로울 수 없다는 사실을 깨닫는
다. 그가 스스로 눈을 찌르는 행위는 여러 가지 의미가 있겠
지만, 무엇보다도 인간의 삶이 앞을 내다볼 수 없고 불확실
하다는 것을 상징한다.

사자는 합창단—그리고 은연중에는 관객들—에게 끔찍
한 장면들을 직접 보지 않는 것이 낫다고 암시하면서 관객
들의 반응을 일정 방향으로 이끌고 간다. 자살한 요카스타를
보고 오이디푸스가 흐느끼는 모습을 사자의 묘사를 통해 들
으면 직접 목격했을 때와는 다르게 우리의 감정이 자극되는
것. 그 묘사의 초점은 폭력적인 행위들 자체보다는 그 행위
들에 대한 다른 등장인물들과 관객들의 반응에 맞춰진다.

3. 〈콜로누스의 오이디푸스〉에서 오이디푸스와 안티고네의 관계, 그리고 오이디푸스와 이스메네의 관계가 다른 점은?

— 오이디푸스는 두 딸에게 거의 전적으로 의존하는데, 안티고네는 눈이고 이스메네는 귀라고 할 수 있다. 세 부녀가 콜로누스의 거룩한 숲에 도착했을 때, 오이디푸스는 안티고네에게 혼자 가서 근처에 사는 사람을 데려오라고 하자, 한 사내가 다가오는 것이 보인다고 말한다. 오이디푸스는 안티고네가 알려줄 때까지는 그 사내가 떠난 줄도 모른다. 안티고네는 아버지에게 합창단, 이스메네, 크레온, 폴리니세스의 등장을 알려주고, 반복적으로 손을 잡고 함께 무대를 돌기도 한다. 이 같은 장면들은 도저히 끊을 수 없는 두 사람의 관계뿐만 아니라 그의 실명 상태와 무력함도 강조한다.

이스메네와 아버지의 관계는 그다지 가깝지 않다. 오이디푸스에게 가장 끔찍한 상실인 시력에 연관된 도움을 많이 주지 못하기 때문이다. 이스메네의 첫 대사는 눈물이 앞을 가려 아버지와 언니의 모습이 제대로 보이지 않는다는 것이고, 곧이어 아버지가 겪어야 했던 가혹한 운명 때문에 아버지를 차마 쳐다볼 수 없다고 외친다. 언니와는 달리 연민과 수치심 때문에 마음이 어수선하지만, 나름대로 아버지에게 실질적인 도움을 준다. 아버지와 언니에게 크레온과 폴리니세스가 각각 오이디푸스의 무덤에 관한 예언을 듣고 테베의 왕권이 걸린 전쟁에서 오이디푸스를 이용해 먹으려는 흑심을 품고 있다고 알려주며, 첫 장면에서는 아버지와 언니가 침범했던 거룩한 땅의 정령들을 달래기 위해 속죄의식을 치르기도 한다.

4. 크레온은 테베 3부작 모두에서 중요한 역할을 하는 유일한 인물이다. 그는 세 작품이 진행되는 과정에서 변하는가? 만약 변한다면, 어떻게 변하는가?

5. 테베 3부작에는 폭력적인 장면이 거의 없거나 전무하지만, 〈콜로누스의 오이디푸스〉의 등장인물들은 전쟁과 깊은 관계가 있다. 그들 각자에게 전쟁은 어떤 의미가 있는가?

6. 〈안티고네〉에서 안티고네가 여성인 점에는 어떤 의미가 있는가?

7. 테베 3부작의 중심축은 모두 오이디푸스와 요카스타의 근친혼이다. 이 작품들은 근친상간에 대해 어떻게 말하는가?

8. 테베 3부작에서 합창단은 도덕적 교훈들을 제시하면서 인간의 '교만함'을 꾸짖곤 한다. 우리는 합창단의 선언을 절대 진리로 받아들여야 하는가, 아니면 합창단도 여느 등장인물들처럼 실수를 저지를 수 있는 존재에 불과한가? 이 작품들에서 전개되는 모든 파국의 촉매는 정말로 교만함인가?

다음 질문에 알맞은 답을 고르시오.

1. 테베 3부작 가운데 가장 나중에 씌어졌다고 여겨지는 작품은?

   A. 〈콜로누스의 오이디푸스〉   B. 알 수 없음

   C. 〈오이디푸스 왕〉   D. 〈안티고네〉

2. 오이디푸스의 자식은 몇 명인가?

   A. 2명   B. 3명

   C. 4명   D. 없음

3. 〈오이디푸스 왕〉에서 테베에 닥친 괴질의 재앙을 끝내려면 누구의 죽음에 얽힌 원한부터 풀어야 하는가?

   A. 크레온   B. 폴리부스

   C. 라이우스   D. 폴리니세스

4. 〈콜로누스의 오이디푸스〉에 등장하지 않는 인물은?

   A. 안티고네   B. 폴리니세스

   C. 에테오클레스   D. 이스메네

5. '오이디푸스'라는 이름의 뜻은?

   A. '어미와 붙어먹을 자'   B. '테베의 왕'

   C. '부은 발'   D. '숙명 때문에 눈먼 사람'

6. 테베 3부작 가운데 가장 먼저 씌어졌다고 여겨지는 작품은?

   A. 알 수 없음   B. 〈오이디푸스 왕〉

   C. 〈콜로누스의 오이디푸스〉   D. 〈안티고네〉

7. 오이디푸스가 성장한 곳은?

   A. 콜로누스   B. 테베

   C. 코린트   D. 아테네

8. 티레시아스가 등장하지 않는 작품은?

   A. 〈오이디푸스 왕〉   B. 〈안티고네〉

   C. 모두 등장   D. 〈콜로누스의 오이디푸스〉

9. 크레온이 시신 매장 금지령을 어긴 안티고네에게 내리는 형벌은?

   A. 교수형   B. 두 눈 적출(摘出)

   C. 추방   D. 생매장

10. 크레온과 요카스타의 관계는?

   A. 남매   B. 아버지

   C. 아들   D. 삼촌

11. 오이디푸스가 제 눈을 찌를 때 사용한 것은?

   A. 칼   B. 꼬챙이

   C. 요카스타의 브로치   D. 제물로 바쳐진 황소의 뿔

12. 오이디푸스는 누구의 저주로부터 테베를 구했는가?

   A. 스핑크스   B. 라이우스

   C. 아폴론   D. 크레온

13. 테베 3부작에서 마지막 대사를 던지는 것은?

   A. 이스메네   B. 크레온

   C. 사자   D. 합창단

14. 안티고네가 결혼하려고 했던 사람은?
    A. 폴리니세스   B. 하이몬
    C. 에테오클레스   D. 없음

15. 아테네의 연극공연들이 찬양했던 신은?
    A. 아테나   B. 제우스
    C. 디오니소스   D. 소포클레스

16. 테베 3부작에서 끝까지 살아남는 인물은?
    A. 오이디푸스   B. 크레온
    C. 안티고네   D. 요카스타

17. 라이우스가 살해된 곳은?
    A. 한 사람이 겨우 건널 정도의 좁은 다리
    B. 바위 사이
    C. 코린트의 산 속
    D. 테베로 향하는 길목의 삼거리

18. 〈콜로누스의 오이디푸스〉에서 크레온이 오이디푸스를 테베로 돌아
    오게 만들기 위해 이용하는 방법은?
    A. 오이디푸스의 두 딸을 납치한다.
    B. 테세우스에게 뇌물을 건넨다.
    C. 폴리니세스와 전쟁을 벌이겠다고 위협한다.
    D. 오이디푸스에게 새 눈을 주겠다고 약속한다.

19. 오이디푸스가 폴리니세스와 에테오클레스에 대해 던지는 예언은?
    A. 함께 테베를 통치한다.   B. 서로의 손에 죽는다.
    C. 크레온에게 배반당한다.   D. 어미와 동침하고 아비를 죽인다.

20. 오이디푸스의 가족 가운데 최후의 생존자는?

A. 이스메네 　　　　　　　　B. 안티고네
C. 오이디푸스 　　　　　　　D. 에테오클레스

21. 다음 중 무대 위에서 죽는 인물은?

A. 오이디푸스 　　　　　　　B. 요카스타
C. 안티고네 　　　　　　　　D. 없음

22. 안티고네의 시신을 발견하기 직전에 크레온이 했던 일은?

A. 티레시아스를 추방한다. 　　B. 아내 에우리디케와 싸운다.
C. 폴리니세스의 장례를 치른다. 　D. 신탁소를 찾아간다.

23. 〈콜로누스의 오이디푸스〉에서 오이디푸스를 돕는 인물은?

A. 메로페 　　　　　　　　　B. 폴리부스
C. 테세우스 　　　　　　　　D. 카드무스

24. 다음 중 자살하지 않는 인물은?

A. 안티고네 　　　　　　　　B. 폴리니세스
C. 하이몬 　　　　　　　　　D. 에우리디케

25. 〈콜로누스의 오이디푸스〉가 전개되는 숲의 주인은 누구인가?

A. 에우리피데스 　　　　　　B. 에리니에스(에우메니데스)
C. 에테오클레스 　　　　　　D. 테세우스

정답 |

1. A　　2. C　　3. C　　4. C　　5. C　　6. D　　7. C　　8. D　　9. D　　10. A

11. C　　12. A　　13. D　　14. B　　15. C　　16. B　　17. D　　18. A　　19. B　　20. A

21. D　　22. C　　23. C　　24. B　　25. B